权威·前沿·原创

皮书系列为
"十二五""十三五"国家重点图书出版规划项目

智库成果出版与传播平台

税收蓝皮书
BLUE BOOK OF TAX

中国区域税收发展报告（2021）

DEVELOPMENT REPORT ON REGIONAL TAX OF CHINA (2021)

顾　问 / 林　维　刘　桓
主　编 / 李为人　付广军
副主编 / 韩　莉　蔡　昌
中国社会科学院大学商学院
税收政策与治理研究中心

社会科学文献出版社
SOCIAL SCIENCES ACADEMIC PRESS (CHINA)

图书在版编目(CIP)数据

中国区域税收发展报告.2021/李为人,付广军主编.--北京:社会科学文献出版社,2021.6
(税收蓝皮书)
ISBN 978-7-5201-8534-9

Ⅰ.①中… Ⅱ.①李…②付… Ⅲ.①税收管理-研究报告-中国-2021 Ⅳ.①F812.42

中国版本图书馆 CIP 数据核字(2021)第 109159 号

税收蓝皮书
中国区域税收发展报告(2021)

| 顾　　问 / 林　维　刘　桓 |
| 主　　编 / 李为人　付广军 |
| 副 主 编 / 韩　莉　蔡　昌 |

| 出 版 人 / 王利民 |
| 责任编辑 / 丁阿丽 |
| 文稿编辑 / 张铭晏 |

| 出　　版 / 社会科学文献出版社 (010) 59367194 |
| 　　　　　　地址:北京市北三环中路甲29号院华龙大厦　邮编:100029 |
| 　　　　　　网址:www.ssap.com.cn |
| 发　　行 / 市场营销中心 (010) 59367081　59367083 |
| 印　　装 / 三河市东方印刷有限公司 |

| 规　　格 / 开本:787mm×1092mm　1/16 |
| 　　　　　　印张:13.5　字数:200千字 |
| 版　　次 / 2021年6月第1版　2021年6月第1次印刷 |
| 书　　号 / ISBN 978-7-5201-8534-9 |
| 定　　价 / 158.00元 |

本书如有印装质量问题,请与读者服务中心 (010-59367028) 联系

▲ 版权所有 翻印必究

《中国区域税收发展报告（2021）》
编委会

顾　问　林　维　刘　桓

主　编　李为人　付广军

副主编　韩　莉　蔡　昌

成　员　（按姓氏笔画排序）

　　　　王久瑾　毛　捷　邓永勤　邓远军　付广军
　　　　冯守东　邢　丽　李为人　张德志　罗伟平
　　　　周仕雅　胡晓晖　曹静韬　韩　莉　焦瑞进
　　　　谢波峰　蔡　昌　霍　军

本书作者名单

(按文序排列)

总报告 李为人　付广军　韩　莉

区域篇 蔡　昌　徐艳梅　李长君　周仕雅

省域篇 王久瑾　王江霞　任　斌　张德志　张木楠
　　　　　黄清华　邓永勤　徐　斌

城市篇 胡晓晖　胡优良

主要编撰者简介

李为人 中国社会科学院大学商学院副院长、税务硕士教育中心主任、税收政策与治理研究中心主任，中国社会科学院研究生院管理学博士、硕士生导师，中国税收教育研究会理事，中央财经大学税收筹划与法律研究中心特约研究员，北京德和衡律师事务所高级顾问，中国社会科学院旅游研究中心副秘书长。

主要研究领域包括税收理论与政策、产业税收政策、税收风险管控、旅游经济与管理等。编著《税务管理新论》《中国税制》《中国税务操作实务》《中国税务教育发展报告》《中国旅游发展：分析与预测》等；在《税务研究》《国际税收》《中国社会科学院研究生院学报》发表学术论文多篇；主持完成"促进中国文化产业发展的税收政策研究""互联网平台企业涉税风险研究"等省部级课题研究。

付广军 国家税务总局税收科学研究所学术委员会副主任、研究员，民建中央财政金融委员会副主任，中国财政学会理事，中安联合博士后工作站博士后导师，中国财政科学研究院、中国社会科学院大学、首都经济贸易大学硕士生导师，全国人大法工委《中小企业促进法》顾问。

长期从事中国宏观经济和税收政策研究，主要研究领域包括税收与宏观经济分析、民营经济税收政策、产业税收政策。先后主持完成"中国小微企业税收政策效应分析评估""中国房地产经济与税收统计分析""中国及结构调整对税收影响研究"等省部级重点课题；发表学术论文百余篇，学术著作十余部；获省部级特等奖三项、一等奖三项；曾获国家税务总局嘉奖两次。

韩　莉　经济学博士，中国社会科学院大学商学院教师、硕士生导师。

长期从事财政税收理论与政策研究，主要研究领域包括宏观调控与财政金融政策协调配合、税收政策与经济效应、企业财务风险与税务筹划。主持2020年度北京教育科学"十三五"规划课题"重大疫情防控中的本科生课程思政教学创新"；主持2020年度北京社科基金决策咨询项目"基于税收与税源背离的京津冀跨区域治理财税协调机制研究"；参与"我国基本公共服务均等化的影响因素与对策研究""北京防范和化解地方政府隐性债务风险"等省部级重点课题。

蔡　昌　中央财经大学财政税务学院教授、博士生导师，中央财经大学税收筹划与法律研究中心主任，应用经济学博士后合作导师；会计学（国内第一位税务会计与税收筹划方向）博士，中国社会科学院财经战略研究院经济学（税收学）博士后，国际注册高级会计师（ICSPA）。兼任中国注册税务师协会理事、中国国际税收研究会第六届学术委员、中信改革发展研究基金会研究员、澳门科技大学兼职教授、福建省"闽江学者"讲座教授，担任国内多家上市公司独立董事。

主要研究领域包括税收理论与政策、税务会计与税收筹划、大数据技术与财税管理、产权税收学等。2013年论文《企业重组税制技术缺陷与反避税制度安排》荣获"邓子基财税学术论文奖"；著作《税道溯源》入选"当代税收名家丛书"；著作《中国特色公有制产权税收论》荣获"十三五"国家重点图书出版规划项目。

摘 要

受新冠肺炎疫情、减税降费双重影响以及经济运行下滑等多因素共同作用，2020年中国各区域税收入同比不同程度下降。2020年上半年，中国实现税收收入88997.49亿元，同比增长-11.7%。其中，东部、中部、西部地区分别实现税收收入60117.01亿元、14591.38亿元和14289.09亿元，分别同比增长-11.0%、-14.6%和-11.5%，分别占全部税收收入的67.5%、16.4%和16.1%。各级税务系统以习近平新时代中国特色社会主义思想为指导，贯彻落实党中央、国务院部署，统筹推进疫情防控和经济社会发展工作，实施更加积极的财政（税收）政策，把控政策力度、政策重点和政策节奏，把支持实体经济恢复发展放到更加突出的位置。随着疫情的缓和以及减税降费政策的刺激作用，2021年中国经济将会逐渐恢复增长，税收形势也会逐步开始好转。

结合中共中央、国务院提出的深化税收体制改革的五大方面的内容，本报告建议以"完善直接税制度并逐步提高其比重"为税制改革突破口，完善涉企税制，回应增值税、企业所得税等降税率诉求；以"部分品目消费税征收环节后移"为消费税改革切入点，优先考虑汽车、成品油等品目，适当扩大征收范围；以"建立和完善综合与分类相结合的个人所得税制度"为个人所得税改革的指引，继续推进个人所得税改革；以"稳妥推进房地产税立法"为依据，深入研究房地产税征收的理论和法律依据；以"健全地方税体系，调整完善地方税税制，培育壮大地方税税源，稳步扩大地方税管理权"为划分央地收入的指南，继续完善分税制财政体制改革，确立地方税主体税种。

关键词： 税收收入　区域经济　税收政策　减税降费

目 录

Ⅰ 总报告

B.1 2019~2020年中国区域税收发展报告
　　……………………………… 李为人　付广军　韩　莉 / 001
　　一　2019年中国东中西部区域税收运行状况…………… / 002
　　二　2019年中国东中西部区域税收与经济发展协同分析…… / 010
　　三　2020年中国东中西部区域税收运行状况分析……… / 015
　　四　对策建议…………………………………………… / 019

Ⅱ 区域篇

B.2 2019~2020年京津冀区域税收发展报告
　　………………………………… 蔡　昌　徐艳梅　李长君 / 025
B.3 2019~2020年长三角区域税收发展报告 ………… 周仕雅 / 063

Ⅲ 省域篇

B.4 2019~2020年山西税收发展报告…… 王久瑾　王江霞　任　斌 / 091

B.5　2019~2020年山东税收发展报告

　　……………………………… 张德志　张木楠　黄清华 / 113

B.6　2019~2020年重庆税收发展报告 …………… 邓永勤　徐　斌 / 134

Ⅳ　城市篇

B.7　2019~2020年青岛税收发展报告 …………………… 胡晓晖 / 150
B.8　2019~2020年深圳税收发展报告 …………………… 胡优良 / 162

Abstract ……………………………………………………………… / 189
Contents ……………………………………………………………… / 191

总 报 告
General Report

B.1
2019~2020年中国区域税收发展报告

李为人 付广军 韩 莉*

摘　要： 受新冠肺炎疫情、减税降费双重影响，以及经济运行下滑等多因素共同作用，2020年中国各区域税收收入同比下降是必然的，也是符合客观实际的。随着疫情的过去以及减税降费政策的刺激，中国经济将逐渐恢复增长，2021年税收及经济发展逐步开始好转。结合中共中央、国务院提出的深化税收体制改革的五大方面的内容，本报告建议以"完善直接税制度并逐步提高其比重"为税制改革突破口，完善涉企税制，回应增值税、企业所得税等降税率诉求；以"部分品目消费税征收环节后移"为消费税改革切入点，优先考虑汽车、成品油等品目，适当扩大征收范围；以"建立和完善综合与分类相结

---

* 李为人，中国社会科学院大学商学院副院长、税务硕士教育中心主任、税收政策与治理研究中心主任，主要研究方向为税收理论与政策、产业税收政策等；付广军，国家税务总局税收科学研究所学术委员会副主任、研员，主要研究方向为税收与宏观经济分析等；韩莉，经济学博士，中国社会科学院大学商学院教师，主要研究方向为宏观调控与财政金融政策协调配合等。

合的个人所得税制度"为个人所得税改革的指引,继续推进个人所得税改革;以"稳妥推进房地产税立法"为依据,深入研究房地产税征收的理论和法律依据;以"健全地方税体系,调整完善地方税税制,培育壮大地方税税源,稳步扩大地方税管理权"为划分央地收入的指南,继续完善分税制财政体制改革,确立地方税主体税种。

关键词: 区域税收 区域经济 宏观税负

2019年,世界经济增长持续放缓,处于国际金融危机之后的深度调整期。中国经济也从高速增长阶段发展到高质量发展阶段,结构性、体制性、周期性矛盾相互交织。面对国内外风险挑战明显上升的复杂局面,各区域落实党中央、国务院决策部署,坚持稳中求进工作总基调,坚持以供给侧结构性改革为主线,推动高质量发展,扎实做好"六稳"工作,经济运行总体平稳,发展水平迈上新台阶,发展质量稳步提升,人民福祉持续增进,各项社会事业繁荣发展,生态环境质量总体改善。

一 2019年中国东中西部区域税收运行状况

2019年,中国税收收入实现172102.36亿元,较上年增加2145.79亿元,同比增长1.3%,较上年下降了7.8个百分点。

(一)2019年中国东中西部区域税收收入总体发展情况

按照国家统计局关于区域的划分,东部区域包括北京、天津、河北、辽宁、上海、江苏、浙江、福建、山东、广东、海南等11个省市;中部区域包括山西、吉林、黑龙江、安徽、江西、河南、湖北、湖南等8个省;西部区域包括内蒙古、广西、四川、重庆、贵州、云南、西藏、陕西、甘肃、青海、宁夏、新疆等12个省区市。

1. 中国东中西部区域税收收入发展趋势分析

从中国区域税收收入发展状况看，中国税收收入从2010年的77389.85亿元，增加到2019年的172102.36亿元。其中，东部区域税收收入从2010年的53342.48亿元，增加到2019年的113748.72亿元；中部区域税收收入从2010年的12001.76亿元，增加到2019年的29714.00亿元；西部区域税收收入从2010年的12045.61亿元，增加到2019年的28639.65亿元。

从税收收入绝对数看，东部与中、西部区域之间的税收收入绝对差距逐年拉大，相对差距逐年缩小。2010年东部区域税收收入，比中部区域多41340.72亿元，是中部区域的4.44倍；比西部区域多41296.87亿元，是西部区域的4.43倍。到2019年东部区域税收收入，比中部区域多84034.72亿元，是中部区域的3.83倍；比西部区域多85109.07亿元，是西部区域的3.97倍。

中、西部区域之间税收收入也在发生变化，2010年西部区域比中部区域多43.85亿元，到2013年中部区域超过西部区域53.51亿元，到2019年中部区域已超过西部区域1074.35亿元（见表1和图1）。

表1 2010~2019年中国东中西部区域税收收入状况

单位：亿元，%

年份	东部		中部		西部		合计	
	收入额	同比增长率	收入额	同比增长率	收入额	同比增长率	收入额	同比增长率
2010	53342.48	21.1	12001.76	23.5	12045.61	29.0	77389.85	22.6
2011	64906.95	21.7	15349.37	27.9	15472.79	28.5	95729.11	23.7
2012	73750.94	13.6	18432.22	20.1	18556.88	19.9	110740.04	15.7
2013	79357.42	7.6	20319.54	10.2	20266.03	9.2	119942.99	8.3
2014	86094.91	8.5	21882.80	7.7	21563.36	6.4	129541.07	8.0
2015	91339.55	6.1	22541.72	3.0	22140.21	2.7	136021.48	5.0
2016	95188.23	4.2	22981.15	1.9	22329.66	0.9	140499.04	3.3
2017	104416.48	9.7	26234.03	14.2	25084.22	12.3	155734.72	10.8
2018	112702.84	7.9	29152.96	11.1	28100.77	12.0	169956.57	9.1
2019	113748.72	0.9	29714.00	1.9	28639.65	1.9	172102.36	1.3

资料来源：国家税务总局收入规划核算司《税收月度快报》。

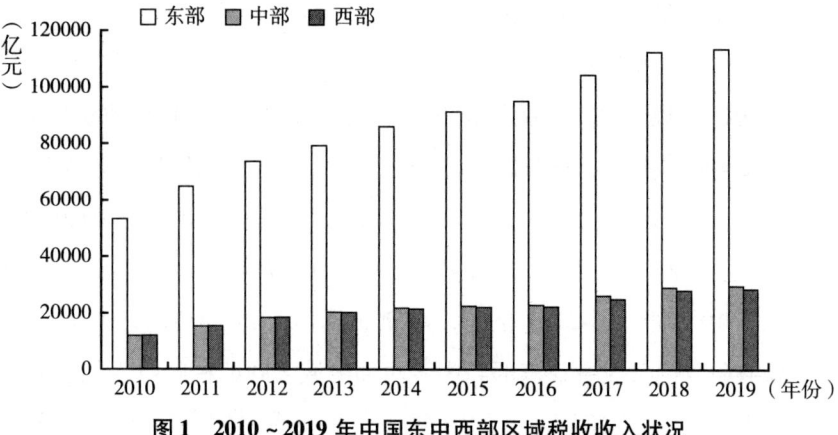

图1 2010~2019年中国东中西部区域税收收入状况

资料来源：国家税务总局收入规划核算司《税收月度快报》。

从分区域增长看，全国税收收入增长情况与东中西部区域税收收入增长情况基本保持一致，东部区域税收增长率有些年份高于全国，有些年份低于全国，同样，中、西部区域税收增长率有些年份高于全国，有些年份低于全国。

东部区域税收增长率，2010~2013年低于全国平均水平，2014~2016年高于全国平均水平，2017~2019年又低于全国平均水平（见图2）。而中、西部区域则与东部区域情况相反。

2. 2019年中国东中西部区域税收发展情况分析

2019年，东部区域税收收入实现113748.72亿元，占全部收入的66.1%，较上年增加1045.88亿元，占全部增加额的48.7%，同比增长0.9%，低于平均增速0.4个百分点。

2019年，中部区域税收收入实现29714.00亿元，占全部收入的17.3%，较上年增加561.04亿元，占全部增加额的26.1%，同比增长1.9%，高于平均增速0.6个百分点。

2019年，西部区域税收收入实现28639.65亿元，占全部收入的16.6%，较上年增加538.88亿元，占全部增加额的25.1%，同比增长1.9%，高于平均增速0.6个百分点（见表2）。

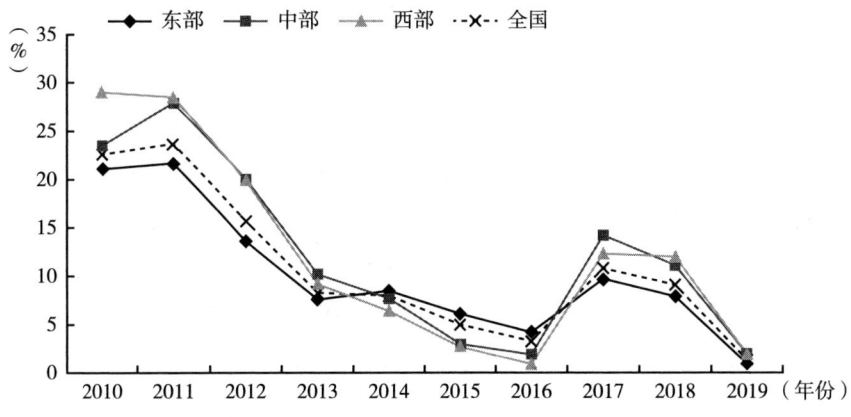

图2　2010～2019年全国及东中西部区域税收增长率

资料来源：国家税务总局收入规划核算司《税收月度快报》。

表2　2019年中国东中西部区域税收收入及占比情况

单位：亿元，%

区域	收入额	增加额	同比增长率	占全部比重
东部	113748.72	1045.88	0.9	66.1
中部	29714.00	561.04	1.9	17.3
西部	28639.65	538.88	1.9	16.6
合计	172102.36	2145.79	1.3	100.0

资料来源：国家税务总局收入规划核算司《税收月度快报》。

（二）2019年中国东中西部区域主要税种收入情况分析

1. 2019年中国东中西部区域国内增值税情况分析

2019年，全国国内增值税实现62423.13亿元，较上年增加992.76亿元，同比增长1.6%，增速较上年下降了7.9个百分点。

东部区域国内增值税实现39237.49亿元，占全部国内增值税的62.9%，较上年增加576.85亿元，同比增长1.5%，增速较上年下降了7.0个百分点。

中部区域国内增值税实现11961.42亿元，占全部国内增值税的

19.2%,较上年增加422.53亿元,同比增长3.7%,增速较上年下降了7.6个百分点。

西部区域国内增值税实现11224.22亿元,占全部国内增值税的18.0%,较上年减少6.62亿元,同比增长-0.1%,增速较上年下降了11.0个百分点(见表3和图3)。

表3　2018~2019年中国东中西部区域国内增值税收入情况

单位:亿元,%

区域	2019年				2018年			
	收入额	增加额	同比增长率	占全部比重	收入额	增加额	同比增长率	占全部比重
东部	39237.49	576.85	1.5	62.9	38660.64	3023.78	8.5	62.9
中部	11961.42	422.53	3.7	19.2	11538.89	1173.27	11.3	18.8
西部	11224.22	-6.62	-0.1	18.0	11230.84	1107.79	10.9	18.3
合计	62423.13	992.76	1.6	100.0	61430.37	5304.84	9.5	100.0

资料来源:国家税务总局收入规划核算司《税收月度快报》。

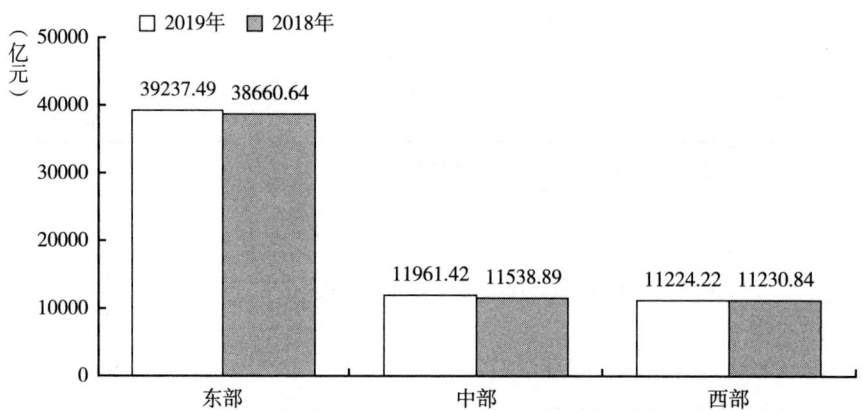

图3　2018~2019年中国东中西部区域国内增值税收入比较

资料来源:国家税务总局收入规划核算司《税收月度快报》。

2. 2019年中国东中西部区域企业所得税情况分析

2019年,全国企业所得税实现37515.55亿元,较上年增加2025.36亿元,同比增长5.7%,增速较上年下降了4.0个百分点。

东部区域企业所得税实现 27144.91 亿元,占全部企业所得税的 72.4%,较上年增加 1397.07 亿元,同比增长 5.4%,增速较上年下降了 1.8 个百分点。

中部区域企业所得税实现 5373.35 亿元,占全部企业所得税的 14.3%,较上年增加 244.06 亿元,同比增长 4.8%,增速较上年下降了 11.6 个百分点。

西部区域企业所得税实现 4997.29 亿元,占全部企业所得税的 13.3%,较上年增加 384.24 亿元,同比增长 8.3%,增速较上年下降了 9.6 个百分点(见表 4 和图 4)。

表 4　2018~2019 年中国东中西部区域企业所得税收入情况

单位:亿元,%

区域	2019 年				2018 年			
	收入额	增加额	同比增长率	占全部比重	收入额	增加额	同比增长率	占全部比重
东部	27144.91	1397.07	5.4	72.4	25747.84	1729.89	7.2	72.5
中部	5373.35	244.06	4.8	14.3	5129.29	721.69	16.4	14.5
西部	4997.29	384.24	8.3	13.3	4613.05	701.21	17.9	13.0
合计	37515.55	2025.36	5.7	100.0	35490.19	3152.81	9.7	100.0

资料来源:国家税务总局收入规划核算司《税收月度快报》。

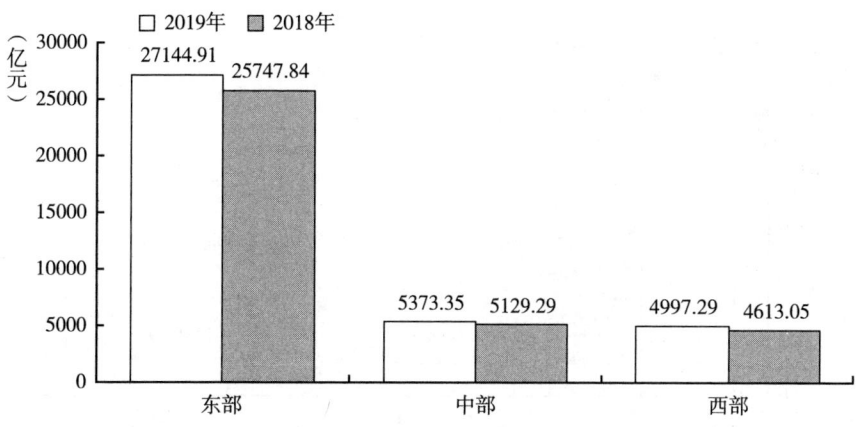

图 4　2018~2019 年中国东中西部区域企业所得税收入比较

3. 2019年中国东中西部区域个人所得税情况分析

2019年,全国个人所得税实现10388.51亿元,较上年减少3483.36亿元,同比增长-25.1%,增速较上年下降了41.1个百分点。

东部区域个人所得税实现7847.36亿元,占全部个人所得税的75.5%,较上年减少2307.46亿元,同比增长-22.7%,增速较上年下降了37.5个百分点。

中部区域个人所得税实现1185.96亿元,占全部个人所得税的11.4%,较上年减少517.36亿元,同比增长-30.4%,增速较上年下降47.2个百分点。

西部区域个人所得税实现1355.19亿元,占全部个人所得税的13.0%,较上年减少658.53亿元,同比增长-32.7%,增速较上年下降54.1个百分点(见表5和图5)。

表5 2018~2019年中国东中西部区域个人所得税收入情况

单位:亿元,%

区域	2019年				2018年			
	收入额	增加额	同比增长率	占全部比重	收入额	增加额	同比增长率	占全部比重
东部	7847.36	-2307.46	-22.7	75.5	10154.82	1309.98	14.8	73.2
中部	1185.96	-517.36	-30.4	11.4	1703.32	245.31	16.8	12.3
西部	1355.19	-658.53	-32.7	13.0	2013.72	355.33	21.4	14.5
合计	10388.51	-3483.36	-25.1	100.0	13871.87	1910.63	16.0	100.0

资料来源:国家税务总局收入规划核算司《税收月度快报》。

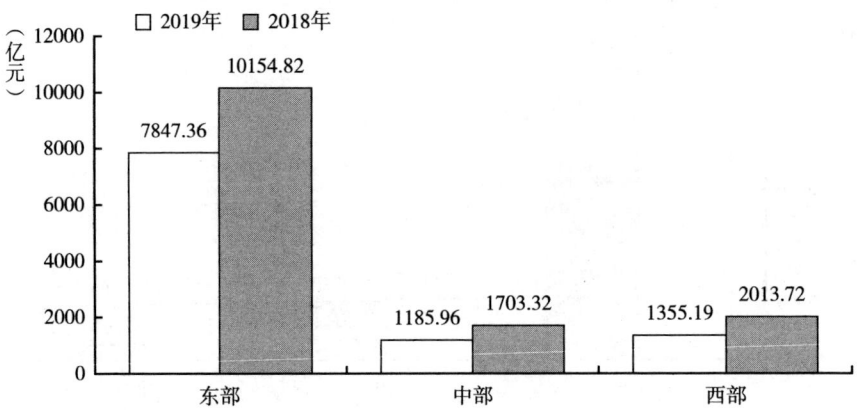

图5 2019年中国东中西部区域个人所得税收入比较

4. 2019年中国区域财产行为税情况分析

2019年,全国财产行为税实现29581.12亿元,较上年增加1823.99亿元,同比增长6.6%,增速较上年下降了3.4个百分点。

东部区域财产行为税实现17513.50亿元,占全部财产行为税的59.2%,较上年增加1224.75亿元,同比增长7.5%,增速较上年下降了1.9个百分点;

中部区域财产行为税实现6315.29亿元,占全部财产行为税的21.3%,较上年增加352.37亿元,同比增长5.9%,增速较上年下降了4.4个百分点;

西部区域财产行为税实现5752.32亿元,占全部财产行为税的19.4%,较上年增加246.86亿元,同比增长4.5%,增速较上年下降了6.7个百分点(见表6和图6)。

表6　2018~2019年中国东中西部区域财产行为税收入情况

单位:亿元,%

区域	2019年				2018年			
	收入额	增加额	同比增长率	占全部比重	收入额	增加额	同比增长率	占全部比重
东部	17513.50	1224.75	7.5	59.2	16288.75	1403.03	9.4	58.7
中部	6315.29	352.37	5.9	21.3	5962.92	556.55	10.3	21.5
西部	5752.32	246.86	4.5	19.4	5505.46	555.04	11.2	19.8
合计	29581.12	1823.99	6.6	100.0	27757.13	2514.61	10.0	100.0

资料来源:国家税务总局收入规划核算司《税收月度快报》。

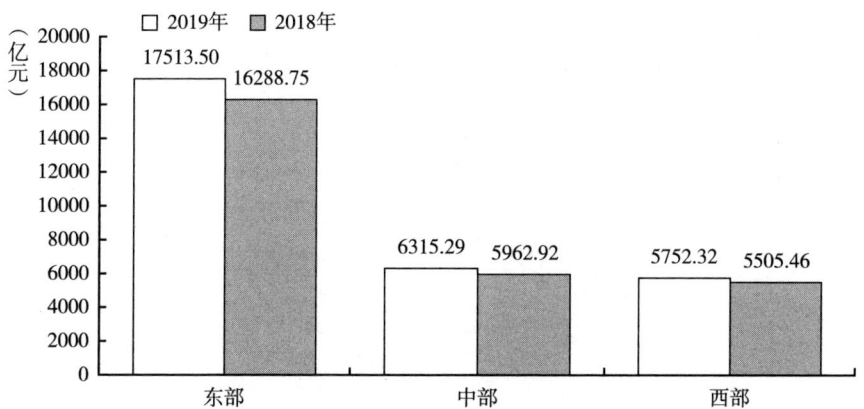

图6　2018~2019年中国东中西部区域财产行为税收入比较

资料来源:国家税务局收入规划核算司《税收月度快报》。

二 2019年中国东中西部区域税收与经济发展协同分析

(一)2019年中国东中西部区域经济发展状况分析

2019年,全国国内生产总值985333.39亿元,同比增长7.8%。分区域看,东部地区生产总值536070.93亿元,同比增长7.2%;中部地区生产总值244077.31亿元,同比增长8.4%;西部地区生产总值205185.15亿元,同比增长8.5%(见表7和图7)。

表7 2018~2019年中国东中西部区域GDP总量及增长率

单位:亿元,%

区域	2019年	2018年	同比增长率
东部	536070.93	499888.60	7.2
中部	244077.31	225070.37	8.4
西部	205185.15	189156.06	8.5
合计	985333.39	914115.03	7.8

资料来源:国家统计局《2019年国民经济和社会发展统计公报》。

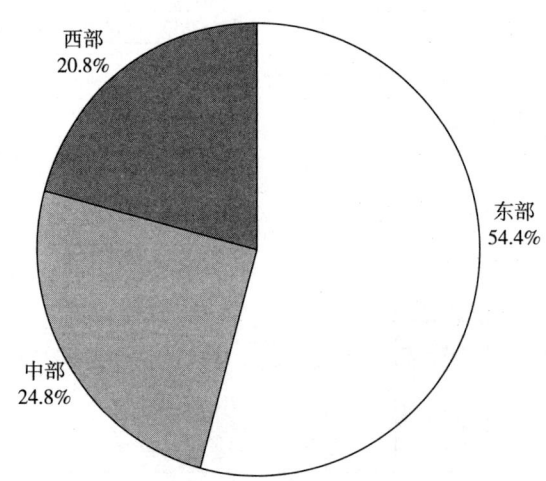

图7 2019年中国东中西部区域GDP所占份额

资料来源:国家统计局《2019年国民经济和社会发展统计公报》。

东部、中部、西部区域对经济增长贡献率分别为54.4%、24.8%和20.8%。其中,东部区域比近五年平均水平下降2.1个百分点,贡献率波动下行;中部区域比近五年平均水平上升2.8个百分点,贡献率平稳上行;西部区域则保持窄幅波动,比近五年平均水平下降0.1个百分点。

(二)2019年中国东中西部区域宏观税负比较

税收来源于经济,税收与国内生产总值的对比,一方面反映百元GDP含税量(即对税收的贡献量),另一方面反映税负轻重。理论上将税收收入占GDP的比重称之为宏观税负。根据前文各区域税收收入和GDP状况,可以计算出各区域宏观税负(见表8)。

2019年全国宏观税负为17.5%,较上年下降了1.1个百分点。其中,东部区域宏观税负为21.2%,较上年下降了1.3个百分点,高于全国宏观税负3.7个百分点;中部区域宏观税负为12.2%,较上年下降了0.8个百分点,低于全国宏观税负5.3个百分点;西部区域宏观税负为14.0%,较上年下降了0.9个百分点,低于全国宏观税负3.5个百分点(见表8和图8)。

表8 2018~2019年中国东中西部区域宏观税负状况

单位:%,个百分点

区域	2018年	2019年	2019年与2018年的差额
东部	22.5	21.2	-1.3
中部	13.0	12.2	-0.8
西部	14.9	14.0	-0.9
全国	18.6	17.5	-1.1

注:根据表2和表7资料计算得出。

综合分析,全国宏观税负普遍下降,东部最高,中部最低,西部居中。这一方面表明中、西部区域宏观税收负担低于东部,另一方面表明东部区域每百元GDP含税量远远高于中、西部区域。是否存在中、西部产生的税收往东部区域转移的情况,值得进一步分析。

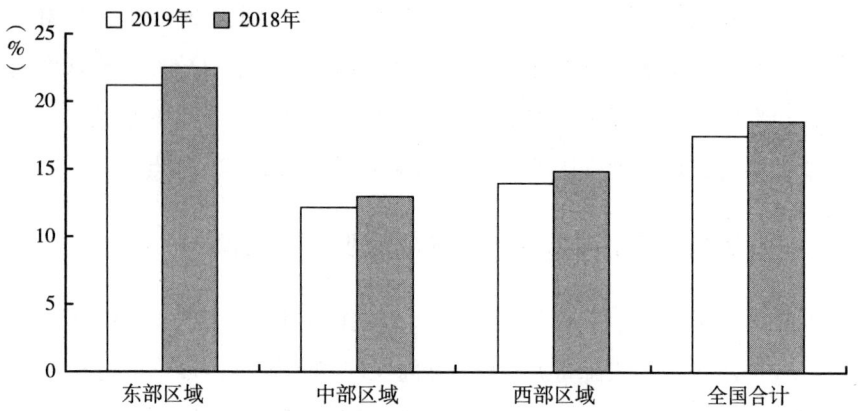

图8 2018~2019年中国东中西部区域宏观税负比较

（三）2019年中国省级区域税收与经济发展对比分析

前文进行了东、中、西部区域税收与经济发展情况的对比分析，下文对各省级区域税收与经济发展进行分析。

2019年，位居税收收入前10名的省（区、市）是广东、上海、江苏、北京、浙江、山东、四川、河南、河北、湖北，其中，东部区域省份占大多数，前五位均为东部省份；中部只有河南、湖北二省入围，分别居第八、第十位；西部仅四川入围，居第七位（见表9）。

表9 2019年中国31个省（区、市）税收与经济发展对比分析

单位：亿元，%

区域	税收收入	GDP	宏观税负
北京	13643.28	35371.30	38.6
天津	4589.76	14104.28	32.5
河北	5273.27	35104.50	15.0
辽宁	4845.09	24909.50	19.5
上海	16761.22	38155.32	43.9
江苏	15422.70	99631.52	15.5
浙江	12458.31	62352.00	20.0
福建	4818.21	42395.00	11.4

续表

区域	税收收入	GDP	宏观税负
山东	10888.23	71067.50	15.3
广东	23789.05	107671.07	22.1
海南	1259.59	5308.94	23.7
山西	3138.80	17026.68	18.4
黑龙江	1976.71	13612.70	14.5
吉林	1783.57	11726.80	15.2
安徽	4544.34	37114.00	12.2
江西	3444.41	24757.50	13.9
河南	5373.35	54259.20	9.9
湖北	5239.26	45828.31	11.4
湖南	4213.57	39752.12	10.6
内蒙古	2771.93	17212.50	16.1
广西	2639.90	21237.14	12.4
四川	5709.88	46615.82	12.2
重庆	2925.99	23605.77	12.4
贵州	2488.73	16769.34	14.8
云南	3562.25	23223.75	15.3
西藏	380.79	1697.82	22.4
陕西	3698.16	25793.17	14.3
甘肃	1309.88	8718.30	15.0
青海	387.53	2965.95	13.1
宁夏	582.56	3748.48	15.5
新疆	2182.03	13597.11	16.0
全国	172102.36	985333.40	17.5

资料来源：《中国统计年鉴2020》，各地统计局。

2019年，税收收入位居第一位的广东税收收入为23789.05亿元，是第十位湖北5239.26亿元的4.54倍，是排名最后的西藏380.79亿元的62.47倍，由此可见，中国省级区域税收收入差距十分巨大（见图9）。

2019年，国内生产总值位居前10名的省（区、市）是广东、江苏、山东、浙江、河南、四川、湖北、福建、湖南、安徽，其中，东部区域省份占五席，除福建外，其余居前四位；中部占四席，河南居第五位，湖北、湖南、安徽入围，分别位居第七、第九、第十位；西部仅四川入围，居第六位。

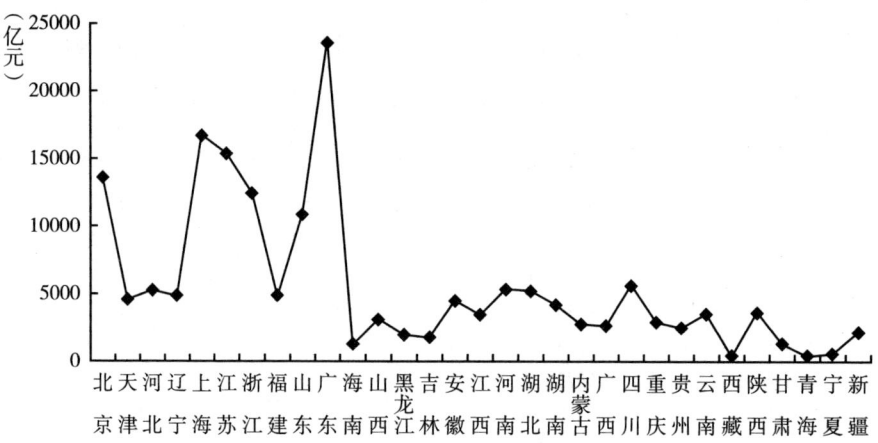

图9　2019年中国31个省（区、市）税收收入情况

资料来源：各地统计局。

国内生产总值位居第一位的广东2019年的GDP为107671.07亿元，是第十位安徽37114.00亿元的2.9倍，是排名的最后西藏1697.82亿元的63.42倍，中国省级区域经济发展的差距也比较大（见图10）。

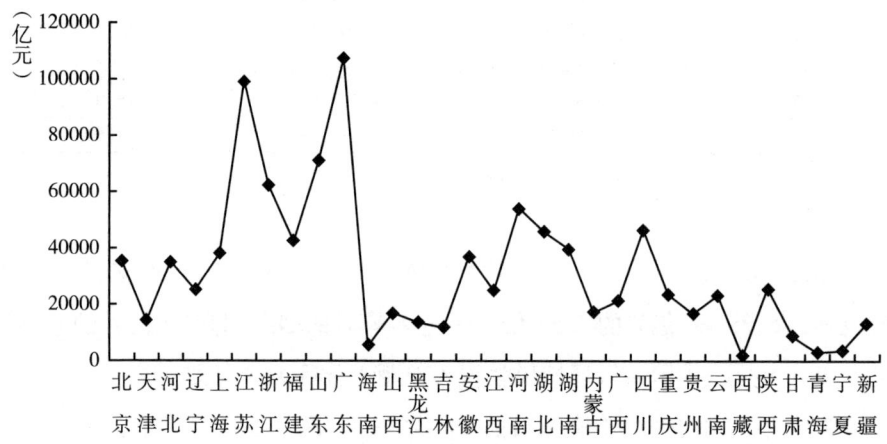

图10　2019年中国31个省（区、市）国内生产总值（GDP）情况

资料来源：各地统计局。

2019年，宏观税负位居前10名的省（区、市）是上海、北京、天津、海南、西藏、广东、浙江、辽宁、山西、内蒙古，其中，上海为43.9%、北京为38.6%、天津为32.5%，高居前三位。宏观税负最低的省份是河南，宏观税负为9.9%（见图11）。宏观税负一方面反映税收负担高低，同时也侧面反映了百元GDP含税量。

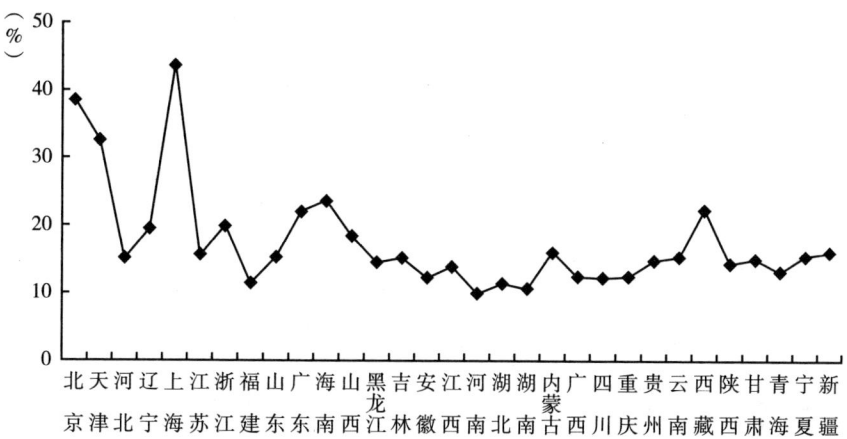

图11　2019年中国31个省（区、市）宏观税负情况

资料来源：各地统计局。

中国省级区域宏观税负差距如此之大，是各区域经济量贡献的税收差距大，还是存在税收区域之间转移现象，需要深思。以上海为例，宏观税负为43.9%，即上海100元GDP可以产生43.9元的税收收入。按照税收基本原理，低税负的区域经济发展后劲潜力大，事实上，河南税收负担低，但是其经济发展远远落后于上海。

三　2020年中国东中西部区域税收运行状况分析

1. 2020年1~6月中国东中西部区域税收发展状况

2020年1~6月，中国税收收入实现88997.49亿元，同比增长-11.7%。其中，东部地区实现税收收入60117.01亿元，同比增长-11.0%，占全部税收收入的67.5%；中部地区实现税收收入14591.38亿元，同比增长-14.6%，占全部税收收入的16.4%；西部地区实现税收收入14289.09亿元，同比增长-11.5%，占全部税收收入的16.1%（见表10和图12）。

表10 2020年1~6月中国东中西部区域税收发展情况

单位：亿元，%

区域	税收收入			国内增值税			企业所得税		
	收入额	同比增长	占比	收入额	同比增长	占比	收入额	同比增长	占比
东部	60117.01	-11.0	67.5	18648.61	-18.5	64.9	17359.68	-7.2	73.8
中部	14591.38	-14.6	16.4	5271.52	-21.0	18.4	3087.90	-10.9	13.1
西部	14289.09	-11.5	16.1	4799.38	-20.2	16.7	3073.34	-3.7	13.1
全国	88997.49	-11.7	100.0	28719.51	-19.2	100.0	23520.62	-7.3	100.0

资料来源：国家税务总局规划核算司《税收月度快报》。

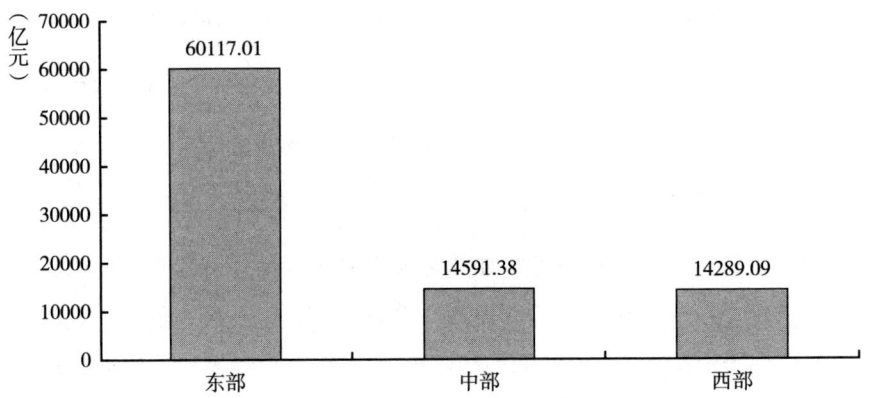

图12 2020年1~6月中国东中西部区域税收收入比较

资料来源：国家税务总局规划核算司《税收月度快报》。

2020年1~6月，中国国内增值税收入实现28719.51亿元，同比增长-19.2%。其中，东部地区实现国内增值税收入18648.61亿元，同比增长-18.5%，占全部税收收入的64.9%；中部地区实现国内增值税收入5271.52亿元，同比增长-21.0%，占全部税收收入的18.4%；西部地区实现国内增值税收入4799.38亿元，同比增长-20.2%，占全部税收收入的16.7%。

2020年1~6月，中国企业所得税收入实现23520.62亿元，同比增长-7.3%。其中，东部地区实现企业所得税收入17359.38亿元，同比增长-7.2%，占全部税收收入的73.8%；中部地区实现企业所得税收入3087.90亿元，同比增长-10.9%，占全部税收收入的13.1%；西部地区实现企业所得税收入3073.34亿元，同比增长-3.7%，占全部税收收入的13.1%。

2. 2020年1~6月中国各区域经济发展状况

2020年1~6月，全国国内生产总值实现454285.6亿元。其中，东部11省市合计247745.8亿元，占全国的54.5%；中部8省合计109871.7亿元，占全国的24.2%；西部12省区合计96668.1亿元，占全国的21.3%（见表11）。

表11 2020年1~6月中国31个省（区、市）GDP情况

单位：亿元

东部	GDP	中部	GDP	西部	GDP
北京	16205.6	山西	7821.6	内蒙古	7704.1
天津	6309.3	吉林	5441.9	广西	10206.0
河北	16387.3	黑龙江	5250.6	四川	22130.3
辽宁	11132.5	安徽	17551.1	重庆	11209.8
上海	17356.8	江西	11691.1	贵州	7985.5
江苏	46722.9	河南	25608.5	云南	11129.8
浙江	29087.0	湖北	17480.5	西藏	838.4
福建	19901.4	湖南	19026.4	陕西	11794.9
山东	33025.8			甘肃	4101.9
广东	49234.2			青海	1390.7
海南	2383.0			宁夏	1763.9
				新疆	6412.8
东部合计	247745.8	中部合计	109871.7	西部合计	96668.1

资料来源：各地统计局。

2020年1~6月全国宏观税负为19.6%。其中，东部区域宏观税负为24.3%，比全国平均宏观税负高4.7个百分点；中部区域宏观税负为

13.3%，比全国平均宏观税负低6.3个百分点；西部区域宏观税负为14.8%，比全国平均宏观税负低4.8个百分点（见表12和图13）。

表12　2020年1~6月中国东中西部区域税收收入与经济发展状况

单位：亿元，%

区域	税收收入			国内生产总值（GDP）		宏观税负	税收协调系数
	收入额	同比增长率	占比	收入额	占比		
东部	60117.01	-11.0	67.5	247745.8	54.5	24.3	1.24
中部	14591.38	-14.6	16.4	109871.7	24.2	13.3	0.68
西部	14289.09	-11.5	16.1	96668.1	21.3	14.8	0.76
全国	88997.49	-11.7	100.0	454285.6	100.0	19.6	1.00

注：根据表10、表11计算得出。

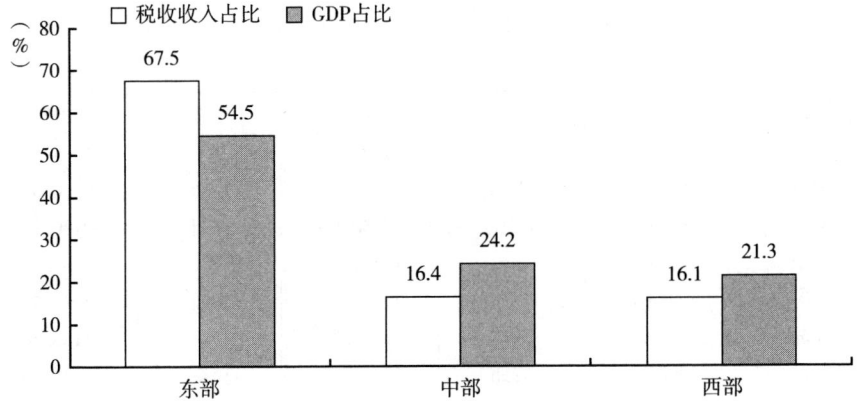

图13　2020年1~6月中国东中西部区域税收收入及GDP占比比较

区域税收协调系数是区域税收收入占比与区域国内生产总值占比之比，反映区域税收与经济发展协调的程度。系数为1，最协调；大于1，税收收入占比高于GDP占比，即该区域税收收入份额大于GDP份额；小于1，税收收入占比低于GDP占比，即该区域税收收入份额小于GDP份额。协调系数过高或过低，均表现为不协调。

2020年1~6月，东部区域税收协调系数为1.24，表明东部区域所占税收收入份额是其GDP所占份额的1.24倍;中部区域税收协调系数为0.68,表明中部区域所占税收收入份额是其GDP所占份额的0.68倍;西部区域税收协调系数为0.76,表明西部区域所占税收收入份额是其GDP所占份额的0.76倍。

四 对策建议

(一)主要结论

2020年初暴发的新冠肺炎疫情,对中国经济社会发展带来前所未有的冲击,目前看疫情的影响总体可控,短期面临的挑战改变不了中国经济长期发展的基本面。在党中央坚强领导下,中国经济发展表现出巨大韧性。各地区紧扣全面建成小康社会目标任务,统筹推进疫情防控和经济社会发展工作,在疫情防控常态化的前提下,坚持稳中求进总基调,坚持新发展理念,扎实做好"六稳"工作,全面落实"六保"任务,完成了决战决胜脱贫攻坚目标任务,全面建成小康社会。各区域坚持新发展理念,以"一带一路"倡议、京津冀协同发展、长江三角洲一体化发展、粤港澳大湾区建设等重大国家战略为引领,促进区域间相互融通互补,塑造更高质量、更有效率、更加公平和更可持续的区域协同发展新格局。

2020年受新冠肺炎疫情、减税降费双重影响,以及经济运行下滑等多因素共同作用,各区域税收收入同比下降是必然的,也是符合客观实际的。2021年随着疫情的过去,以及减税降费政策的刺激,中国经济将会逐渐恢复增长,2021年税收及经济发展逐步好转。税务系统坚持以习近平新时代中国特色社会主义思想为指导,坚决贯彻落实党中央、国务院部署,积极的税收政策,根据疫情防控和经济形势的阶段性变化,把握好政策力度、政策重点和政策节奏。强化财政政策逆周期调控,把支持实体经济恢复发展放到更加突出的位置。

1. 东部区域

东部区域区位优势明显、产业基础雄厚，对全国经济发展发挥着"稳定器"作用和重要引领作用，持续深化供给侧结构性改革，依托科技和人才优势，不断积累创新动能，步入了以科技创新为主导的新阶段。经济基础设施相对完善，各类经济改革取得阶段性成果，实体经济营商环境有所改善。

2020~2021年，随着长三角区域一体化战略进入实质性落实阶段、粤港澳大湾区建设和京津冀协同发展深入推进，东部地区将在经济转型升级和改革创新方面引领中国经济高质量发展。东部地区实体经济经营成本将进一步降低，税收支持实体经济能力不断增强，企业经营风险防控有序推进，税制改革取得积极进展，为实现"六稳"和东部地区经济社会持续健康发展营造适宜的营商环境。

2. 中部区域

中部区域发展基础良好，拥有人口规模和市场潜力优势，在承接全国产业梯度转移中，发挥着承东启西、连接南北的桥梁和纽带作用，主要经济指标增速继续领跑全国。供给侧改革不断深化，对实体经济高质量转型发展支持力度增强。但是，中部地区也面临经济结构有待优化、供给质量有待提高、资源环境约束不断趋紧等问题。

2020~2021年，中部区域崛起势头正劲，发展大有可为，把握新兴产业布局和转移的历史机遇，加强供给侧结构性改革，实施创新驱动发展战略，优化营商环境并扩大高水平开放，进一步推动制造业高质量发展，提高关键领域自主创新能力。中部地区税务部门加强逆周期调控，深化税收征管改革，持续改善税收环境，有力托举中部经济高质量发展。

3. 西部区域

西部区域积极落实推进西部大开发形成新格局，紧抓"一带一路"倡议、西部大开发、长江经济带发展等重大战略，持续推进产业结构调整和对外开放，经济向高质量发展稳步迈进，形成了大保护、大开放、高质量发展的新格局，推动经济发展质量变革、效率变革、动力变革。税收收入总量不断扩大，增长速度稳步提高，税收征管制度改革深化，支持经济发展薄弱环节力度增强。

2020~2021年，"陆海新通道"协议覆盖范围进一步扩大，西部区域"一带一路"和长江经济带衔接更加紧密，区域发展潜力进一步提升。西部区域抓住构建新时代向西开放新格局和"一带一路"建设重要机遇，注重发挥西部区域的区位优势、资源优势以及后发优势，深入推进供给侧结构性改革，促进西部区域经济高质量发展。2020年，西部区域聚焦"三区三州"等深度贫困区域，2020年落实脱贫攻坚方案，完成了决胜脱贫攻坚目标任务，2021年，西部地区全面推动并实施乡村振兴战略，税务机关进一步加强为纳税人服务的意识，提升税收政策支持实体经济发展的力度。

（二）对策建议

2020年5月18日，中共中央、国务院发布的《关于新时代加快完善社会主义市场经济体制的意见》（以下简称《意见》）提出，要深化税收体制改革，完善直接税制度并逐步提高其比重。将部分品目消费税征收环节后移；建立和完善综合与分类相结合的个人所得税制度；稳妥推进房地产税立法；健全地方税体系，调整完善地方税税制，培育壮大地方税税源，稳步扩大地方税管理权。

受新冠肺炎疫情的影响，2020年税收政策举措重点放在应对疫情和减税降费方面，这是结合当前我国面临的形势，即立足短期困难放眼长期发展所做出的科学决策。疫情结束后的税制改革与完善依然是一个长期性的重大任务。

结合《意见》提出的深化税收体制改革的五个方面的内容，提出如下建议。

一是以"完善直接税制度并逐步提高其比重"为税制改革突破口，完善涉企税制，回应增值税、企业所得税等降税率诉求。

2020年"两会"期间，有十余位代表、委员建议降低增值税、企业增值税的税率，其中不乏大幅降低税率的诉求，反映出我国长期以来以间接税为主的税制结构导致的企业税负痛感强的问题。我国税收80%以上来源于直接向企业征收的增值税、消费税、关税等间接税（虽然部分可以转嫁给消费者），呈现"重企业、轻个人"的特点，由此导致企业税负偏重。因此，需要在稳定总体税负水平的基础上，调整税负在企业、个人之间的分布。

建议一方面以《意见》提出的"完善直接税制度并逐步提高其比重"为税制改革突破口，以个人所得税和房地产税改革为重点，在充分保障低收入群体权益、减轻中产阶级负担的基础上，结构性提高高收入、高净值群体的赋税义务；另一方面，完善涉企税制，为企业减负，包括进一步深化增值税改革，推动增值税税率"三档并两档"，降低增值税基本税率。完善企业所得税在投资、研发等方面的支持政策，适当降低企业所得税税率。

二是以"部分品目消费税征收环节后移"为消费税改革切入点，优先考虑汽车、成品油等品目，适当扩大征收范围。

消费税改革是2020年各界议论的高频词，多数讨论聚焦于部分品目消费税征收环节后移并改为中央地方共享税。对于消费税征收环节的后移问题，已有很多专家学者进行了理论分析探讨，多数专家认为在零售环节征收有利于避免税基侵蚀，更能发挥消费税的调节功能，也为下划地方打下基础。

此外，现行消费税的征收范围较窄，影响了其调节消费、筹集收入的职能，对于有学者提出的"将高污染、高耗能、高档消费品等'三高'消费品及奢侈性的消费行为纳入消费税征税范围（如私人飞机、奢侈性的服务消费等）"建议，应根据健康、环保的高质量消费导向加快对消费税的征收范围做出调整。

三是以"建立和完善综合与分类相结合的个人所得税制度"为个人所得税改革的指引，继续推进个人所得税改革。

我国个人所得税经过多年的改革和完善，逐渐实现了从"分类"到"综合与分类相结合"的演变，为未来个税改革实现综合税制奠定了基础。

个人所得税综合税制分为个人综合税制和家庭综合税制。第一步实现个人收入的综合税制，无论收入来源，高收入者多缴税、低收入者少缴税，实现个人所得税的纵向公平；无论收入来源，同样收入缴纳相同的税收，实现个人所得税的横向公平。第二步实现家庭收入的综合税制，考虑到家庭收入以及赡养人口的不同，解决不同状况家庭的个人所得税缴纳的公平问题。

四是以"稳妥推进房地产税立法"为依据，深入研究房地产税征收的理论和法律依据。

房地产涉及国民经济的行业较多，涉及的居民利益也多，房地产税的立法和征收牵扯到多方面的利益调整，在当前经济形势较为严峻的情况下，如果房地产税仓促出台可能会对房地产行业和居民财产形成巨大冲击，可能会由于房价的下跌引发居民还款压力，进而造成银行信贷危机，《意见》提出的"稳妥推进房地产立法"是必要的。

我国的房地产与世界大多数国家相比具有特殊性，主要表现在我国土地的性质与其他国家不同，多数国家土地是私有性质的，我国土地分为两类：农村土地的集体所有制、城镇土地的国家所有制。城乡居民对土地只有使用权，不具有所有权。

深究房地产税的征收理论和法律依据，如果未来将房地产税定义为财产税，则会由于土地的使用权而非所有权性质引发理论争议。建议在考虑到我国土地所有制度的前提下，首先，将现行的城镇土地使用税、耕地占用税、国有土地使用权转让费进行整合，开征房地产使用税或不动产使用税。将财产税性质的房地产税，改为行为税性质的房地产使用税，以消除征收财产税法律依据不充分问题。其次，将房地产税进行分解，分为房产税、国有（集体）土地使用税，前者作为财产税类，后者列入行为税类，同样也可以避免征收财产税法律依据不充分问题。

五是以"健全地方税体系，调整完善地方税税制，培育壮大地方税税源，稳步扩大地方税管理权"为划分央地收入的指南，继续完善分税制财政体制改革，确立地方税主体税种。

2020年税务界对地方税体系构建的关注度下降，除有学者提出消费税、车辆购置税改为中央地方共享税之外，鲜有涉及地方税体系构建问题。

建议结合《意见》中提出的完善直接税制度并逐步提高直接税比重，

提高直接税收入归属地方比例；结合消费税征收环节后移，将一部分定额开征的消费税划给地方；结合完善综合与分类相结合的个人所得税制度，提高个人所得税地方分享比例；改革财政转移支付制度，加大中央财政对地方财政的一般性转移支付力度。

参考文献

谢伏瞻主编《2020年中国经济形势分析与预测》，社会科学文献出版社，2020。

高云龙主编《中国民营经济发展报告（2018~2019）》，中华工商联合出版社，2020。

区域篇
Reginal Reports

B.2
2019~2020年京津冀区域税收发展报告

蔡昌 徐艳梅 李长君*

摘 要： 2019年京津冀地区税收运行总体平稳，累计完成各项税收收入同比上涨3%，经济与税收发展相对协调，增长趋势平稳。税收增长率低于GDP增长率，税收弹性较小。2020年，受新冠肺炎疫情影响，社会生产受到冲击，经济发展速度进一步放缓。在国家税务总局的积极引领下，京津冀三地税务机关认真落实各项税收优惠政策，助力疫情防控和企业复工复产。各种税收政策不仅减轻了纳税人的税收负担，增强了企业的生产积极性，而且可以调节宏观经济的发展，刺激消费和投资，增强市场经济的活力。京津冀地区的协调发展取得了显著成效，但如何有效引导生产要素的区域流动、优化产

---

* 蔡昌，中央财经大学财政税务学院教授、博士生导师，中央财经大学税收筹划与法律研究中心主任，主要研究方向为税收理论与政策、税务会计与税收筹划等；徐艳梅、李长君，中央财经大学税收学硕士研究生，主要研究方向为税收理论与政策。

税收蓝皮书

业空间分异、促进区域内各地之间经济交往、缩小发展差距、提高区域经济与税收发展的协调性，是进一步推进京津冀地区协调发展的重中之重。各级单位应充分认识现有差距和不足，及时调整工作重心，充分发挥市场作用，更好地发挥政府作用，推动京津冀区域合作向纵深发展。

关键词： 京津冀　区域经济　税收

一　2019年京津冀区域经济与税收发展状况

（一）2019年京津冀各地区GDP情况分析

表1列出了北京、天津、河北三省市在2019年的GDP、增速以及占全国GDP比重的具体数额。从增速上来看，北京与河北不相上下，均维持6%以上的增长速度，相比之下天津略有落后，虽然作为直辖市，但其以往的地区发展并没有突出亮点，缺乏明确的发展定位，而未来如何盘活地区经济，充分利用地区优势，走出一条独具当地特色的发展道路将是天津地区发展的战略重点。

表1　2019年京津冀各地区GDP

单位：亿元，%

地区	GDP	增速	增加值	占全国的比重
北京	35371.30	6.1	2265.30	3.57
天津	14104.28	4.8	741.36	1.42
河北	35104.50	6.8	2609.86	3.54

资料来源：2019年北京、天津、河北的国民经济和社会发展统计公报。

图1直观地描述了近几年京津冀地区的经济发展趋势。北京和河北GDP一路走高，二者之间的差距也在逐渐缩小，近两年北京超越河北成为京津冀

地区 GDP 龙头，而天津则一直在低位徘徊，甚至在 2018 年出现了较大幅度的下滑，这其中涉及诸多方面的原因，如自身的经济发展定位模糊，这也影响了京津冀地区的区域整体发展的均衡性，一定程度上影响了京津冀地区的协同发展。

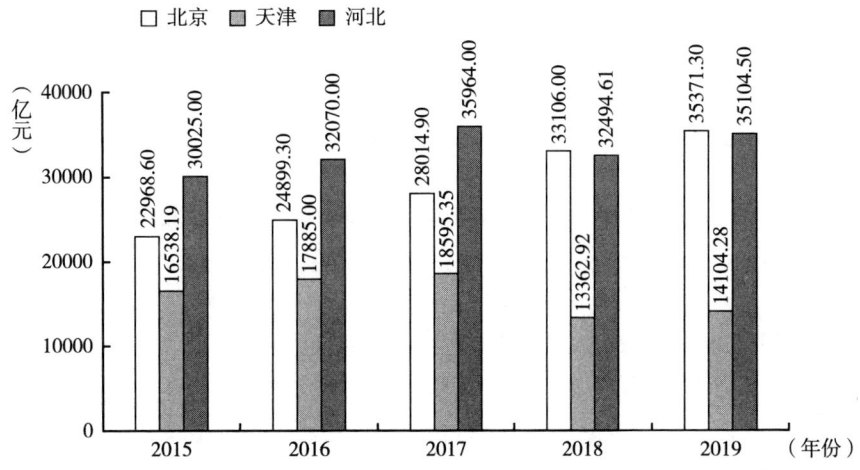

图1　2015～2019 年京津冀各地区 GDP

资料来源：2015 年、2016 年、2017 年、2018 年、2019 年北京、天津、河北的国民经济和社会发展统计公报。

（二）2019年京津冀各地区经济指标分析

2019 年，京津冀地区 GDP 合计达 84580.08 亿元，比上年增长 7.11%。具体来说，北京、天津、河北三地 GDP 分别为 35371.30 亿元、14104.28 亿元和 35104.50 亿元，分别比上年增长 6.84%、5.55%、8.03%。其中北京、河北两地的 GDP 总量大致相当，而天津无论是 GDP 总量还是增长速度都处于三地的末位。

京津冀地区一直保持稳中向好的经济发展态势，一系列减税降费措施与社会发展相辅相成，以生产积极性拉动经济攀升，同时以经济增长来反哺国家税收（见图2）。

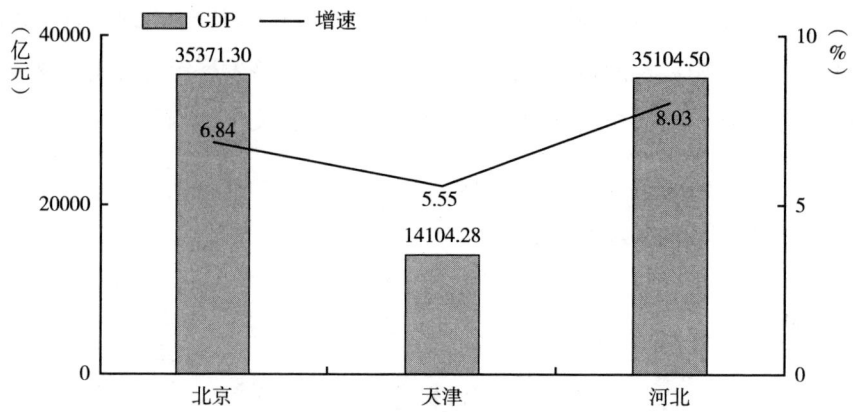

图 2　2019 年京津冀各地区生产总值及同比增长情况

资料来源：2019 年北京、天津、河北的国民经济和社会发展统计公报。

1. 2019年京津冀各地区城镇化率比较分析

2019 年，京津冀地区区域平均城镇化率达 66.7%，比上年增长 0.8%。其中北京、天津、河北城镇化率分别为 86.6%、83.5% 和 57.6%，分别比上年提高 0.1、0.4 和 1.2 个百分点（见图3）。

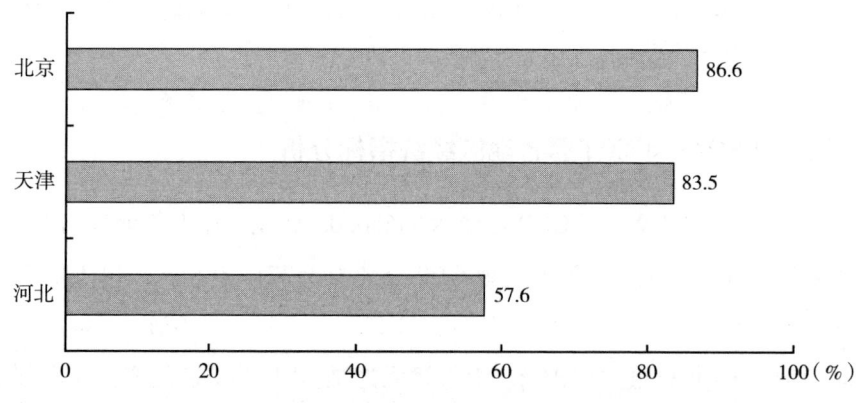

图 3　2019 年京津冀各地区城镇化率情况

资料来源：2019 年北京、天津、河北的国民经济和社会发展统计公报。

城镇化进程的推进与产业结构密切相关，科技进步促使产业结构逐渐向高端化、专业化发展。信息服务、金融、电子商务、科技服务等产业对经济增长的贡献率占据越来越大的比重,随着数字经济的延伸,互联网产业也成为产业链中举足轻重的环节,现代服务业的快速推进势必会成为城镇化进程的催化剂。

2. 2019年京津冀各地区产业比较

2018~2019年,京津冀地区产业增长速度随产业性质的不同呈现明显的特点。三省市的第一产业增长速度都处于低位且逐渐放缓,而第二、第三产业基本能够保持较高速度平稳增长。从产业增加值的具体数额来说,河北第一产业和第二产业增加值远超北京和天津,河北的经济体量和第三产业增加值均大于天津,可以很明显地看出京津冀地区三省市在产业结构分布上的不平衡(见表2)。

表2 2018~2019年京津冀各地区分产业情况

单位:亿元,%

地区	2018年						2019年					
	第一产业增加值	同比增长率	第二产业增加值	同比增长率	第三产业增加值	同比增长率	第一产业增加值	同比增长率	第二产业增加值	同比增长率	第三产业增加值	同比增长率
北京	118.70	-2.3	5647.7	4.2	24553.60	7.3	113.70	-2.5	5715.10	4.5	29542.50	6.4
天津	172.71	0.1	7609.81	1.0	11027.12	5.9	185.23	0.2	4969.18	3.2	8949.87	5.9
河北	3338.00	3.0	16040.1	4.3	16632.20	9.8	3518.40	1.6	13597.30	4.9	17988.80	9.4

资料来源:2018年、2019年北京、天津、河北的国民经济和社会发展统计公报。

京津冀地区三省市的产业构成中,第三产业均超过50%且占据了绝对优势,第二产业与第一产业占比各异,但基本都与政策目标相适应,保持了合理的调整幅度。三省市的产业结构优化取得阶段性进展,第二产业占比进一步缩小,第三产业密集度显著增加(见图4、图5和图6)。当前存在的问题主要是产业的转移与承接,一方面,在进行产业转移时要循序渐进,避免一次性转移强度过高造成经济社会负担、产业亏空带来经济衔接困难;另一方面,为了实现第三产业的集聚发展,需要逐渐削减第一、第二产业的比重,天津和河北作为承接过渡省市,不仅要做好基础设施以及法律规章方面的建设、完善工作,还要动态调整好该省市的产业结构比重,培养第三产业发展引擎,增加区域就业。

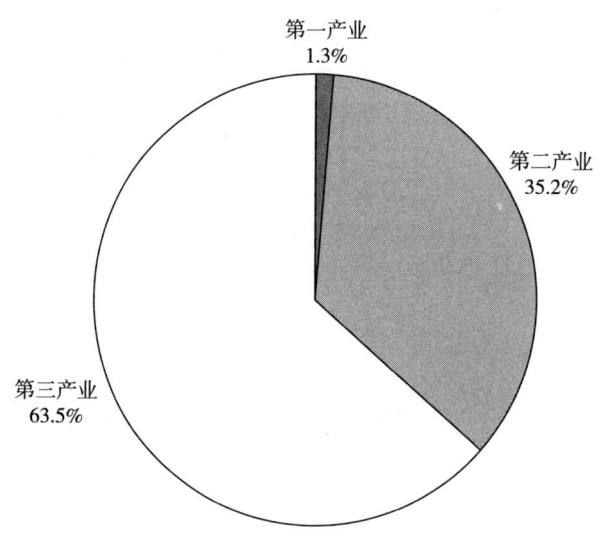

图 4　2019 年天津三次产业占比

资料来源:天津市统计局《2019 年天津市国民经济和社会发展统计公报》。

3. 2015~2019年京津冀地区 CPI 情况分析

2015~2019 年,京津冀地区 CPI 涨幅整体呈上升趋势,并逐渐稳定在 2%~3%,属于温和的上涨区间(见图 7)。京津冀地区当前 CPI 增幅较合理,未来应采取多项调控政策以促进居民消费水平稳步协调与均衡提高,并且在调控税收总量的同时,还要注意经济结构的平衡,真正做到经济发展惠及民生,让人民在经济发展中真切感受到生活水平的提高。

4. 2019年京津冀地区与长三角地区 GDP 发展情况的对比

2018~2019 年京津冀地区和长三角地区 GDP 整体上升,但增速呈下降趋势,即两大经济圈都表现出 GDP 增速放缓特点,其中,长三角地区三省一市的 GDP 下降明显,安徽、江苏、上海增速下降均超过 0.5 个百分点(见表 3)。京津冀地区和长三角地区 GDP 增速下降与中国经济整体

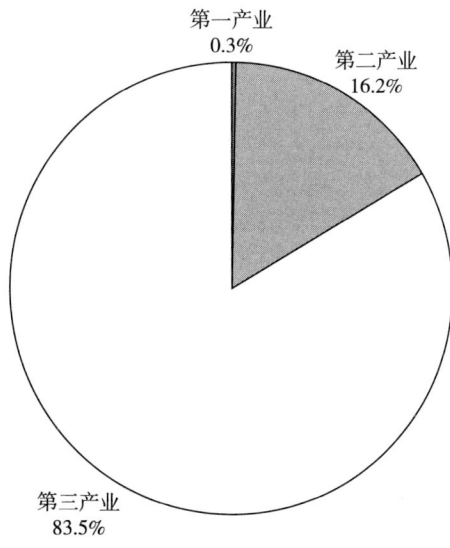

图5　2019年北京三次产业占比

资料来源：北京市统计局《2019年北京市国民经济和社会发展统计公报》。

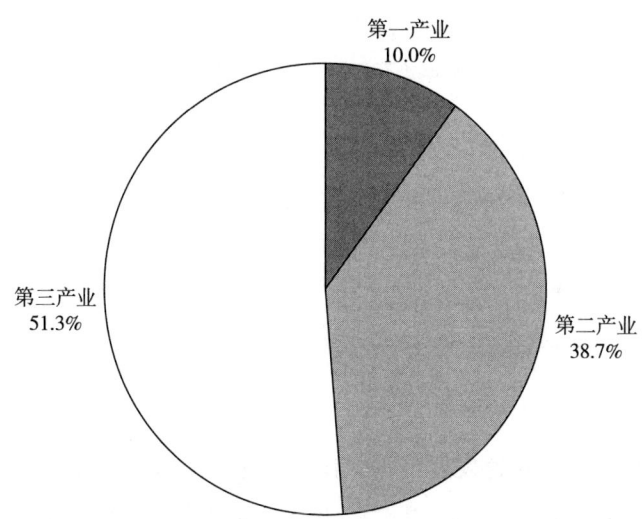

图6　2019年河北三次产业占比

资料来源：河北省统计局《2019年河北省国民经济和社会发展统计公报》。

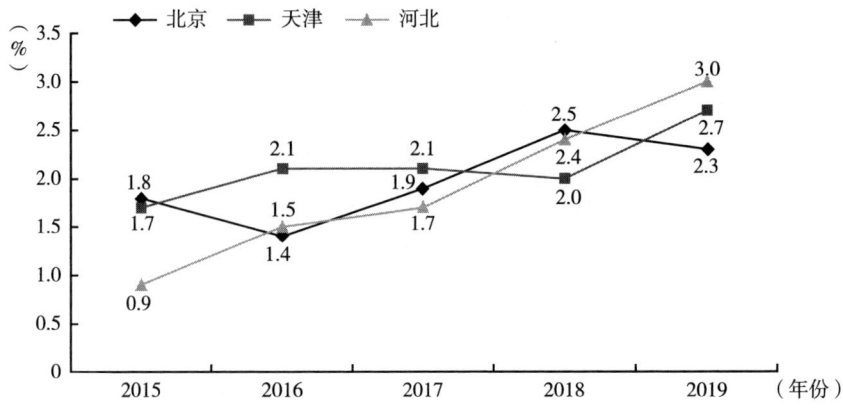

图7 2015~2019年京津冀居民消费价格涨幅情况

资料来源：2015年、2016年、2017年、2018年、2019年北京、天津、河北的统计年鉴、国民经济和社会发展统计公报。

放缓有关，2019年中国GDP的增长率为6.1%，这是自1990年以来增幅最小的一年。

表3 2019年长三角地区三省一市GDP情况

单位：亿元，%

地区	GDP	增加值	增速	占全国比重
安徽	37114.00	7107.18	7.5	3.75
江苏	99631.52	7036.12	6.1	10.06
浙江	62352.00	6155.00	6.8	6.29
上海	38155.32	5475.45	6.0	3.85

资料来源：2019年安徽、江苏、浙江、上海的国民经济和社会发展统计公报。

过去中国经济的快速发展是建立在规模速度型粗放增长的基础上的，国民经济发展偏重于增量扩能，并且长期以来我国的经济增长点较为传统，这在新中国发展前期取得了一定的效果。但随着经济发展水平和发展质量的提高，以及国际经济发展和国际经济危机带来的外部风险，我国必须要摆脱经济"旧常态"的发展状态，进入经济发展"新常态"。随着经济新常态的不断推进，中国 GDP 增速逐渐放缓，并稳定在 6%～7%，实现了经济由高速增长向高质量发展的转变。

京津冀地区 GDP 占全国 GDP 的 8.54%，而长三角地区 GDP 占全国 GDP 的 23.94%，二者相差 15.4 个百分点。整体来看，前者的经济总量落后于后者，并且差距较大。长三角地区和珠三角地区作为我国较早的区域经济发展中心，发展历史悠久。无论是经济体量、产业结构还是体制机制都高于京津冀地区的现有发展水平。近年来，随着京津冀协同一体化发展的逐步推进，三省市充分利用现有优势，弥补不足，加强区域间合作，三地互联互通共同发展。因此，虽然京津冀地区发展历程较短，当前阶段整体实力稍逊于较为成熟的长三角地区和珠三角地区，但随着国家对于京津冀地区各项支持政策的落实，其发展前景极为可观，这一沉睡中的庞然大物正在崛起。

（三）2019年京津冀分区域税收收入总量情况

根据数据统计，2018 年京津冀三省市的税收收入较上年有了稳定的增长，但除河北以外均低于平均增速，原因可能是河北进行产业承接以及结构优化带来的经济增长拉高了平均增速。2019 年三省市税收收入发展状况趋于健康，在稳步增长的同时优化了平均增速，为经济增长提供了更大的弹性空间（见表4）。

表 4 2019 年京津冀各地区税收收入情况

单位：亿元，%

地区	税收收入	增加额	同比增长	占全国税收比重
北京	13098.15	442.62	3.50	8.39
天津	3460.07	108.96	3.30	2.22
河北	4917.34	74.75	1.50	3.15
合计	21475.56	626.33	3.00	13.76

资料来源：《中国税务年鉴 2020》、国家税务总局收入规划核算司《税收月度快报》。

此外，京津冀三省市的居民收入比上年同期分别增长8.9%、7.0%、9.4%，更高的可支配收入拉动了居民消费，与经济增长互相扶持，成为税收收入增长的重要驱动力。

（四）2015~2019年京津冀各地区税收收入

2015~2019年北京、天津、河北三地税收收入总量不断增加，总体呈上升趋势，增长相对平缓。近年来通过产业疏解、市场疏解以及新区优势项目承接等举措加快了非首都功能的疏散，但北京的税收总量依然远高于津冀地区（见表5和图8），区域内税收收入分布不均衡，这从侧面反映出天津、河北经济发展水平仍需提高，而北京也应继续疏解非首都功能，将相应功能分散给周边地区，以拉动其经济增长，最终实现以北京为中心的圆形发展区域，实现区域内的均衡协同发展。

表5 2015~2019年京津冀各地区税收收入情况

单位：亿元

地区	2015年	2016年	2017年	2018年	2019年
北京	11490.20	12472.90	12403.90	12655.50	13098.15
天津	2932.70	3040.50	3270.40	3351.10	3460.07
河北	3483.02	3669.63	4606.00	4842.59	4917.34
合计	17905.92	19183.03	20280.30	20849.19	21475.56

资料来源：2016年、2017年、2018年、2019年、2020年《中国税务年鉴》。

（五）2019年京津冀分税种及分级税收情况分析

1. 2019年京津冀各区域国内增值税情况分析

2019年，京津冀地区近两年税收绝对值都在不断增加，但相较于2018年，京津冀三地的国内增值税税收收入增速均有明显下降，其中北京和河北下降最为明显，较2018年分别下降7.04个和9.68个百分点（见表6）。京津冀地区在保证增值税收入的同时，逐渐放缓税收的增长速度，使得增值税呈现平稳增长的趋势，符合当下的减税降费潮流。

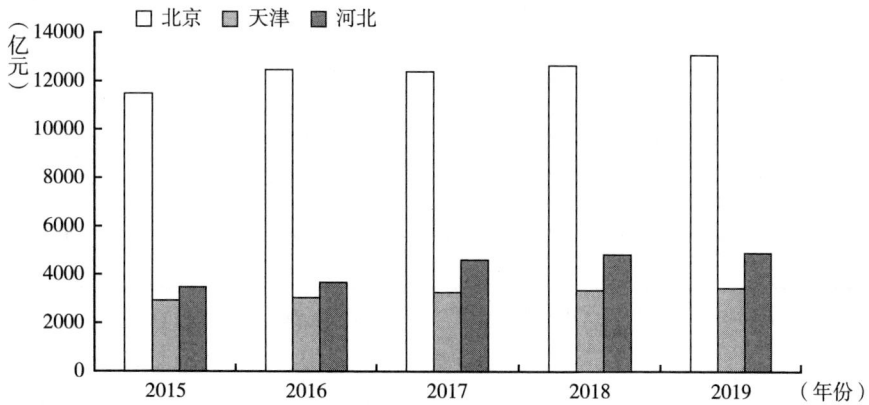

图 8　2015～2019 年京津冀各地区税收收入情况

资料来源：2016 年、2017 年、2018 年、2019 年、2020 年《中国税务年鉴》、国家税务总局收入规划核算司《税收月度快报》。

表 6　2018～2019 年京津冀增值税收入情况

单位：亿元，%

地区	2018 年			2019 年		
	税收收入	增加额	同比增长	税收收入	增加额	同比增长
北京	3595.26	267.67	8.04	3629.91	34.65	1.00
天津	1396.75	98.55	7.59	1454.44	57.69	4.13
河北	2006.83	192.59	10.62	2025.70	18.87	0.94
合计	6998.84	558.81	8.68	7110.05	111.21	1.59

资料来源：2019 年、2020 年《中国税务年鉴》、国家税务总局收入规划核算司《税收月度快报》。

2. 2018～2019 年京津冀各区域国内消费税情况分析

2018 年，北京、天津的国内消费税收入经历了明显的下降，税收收入绝对数值减少，呈现负增长态势。2019 年，北京、天津、河北三地的国内消费税都实现了正向增长，且三地消费税收入的相对比例在前后两年相差不大（见表 7）。消费税收入的涨落是居民生活水平的生动体现，随着未来经济的发展和消费税的转型升级，它对社会消费行为的引导、财政收入的稳定将会发挥越来越明显的作用。

表7 2018～2019年京津冀各地区消费税收入情况

单位：亿元，%

地区	2018年			2019年		
	税收收入	增加额	同比增长	税收收入	增加额	同比增长
北京	190.93	-45.14	-19.12	241.89	50.96	26.69
天津	153.96	-18.42	-10.69	196.84	42.88	27.85
河北	335.34	31.33	10.31	382.88	47.54	14.18
京津冀合计	680.23	-32.23	-4.52	821.61	141.38	20.78

数据来源：2019年、2020年《中国税务年鉴》、国家税务总局收入规划核算司《税收月度快报》。

3. 2018～2019年京津冀各区域企业所得税情况分析

2018～2019年，北京企业所得税呈现倒U形发展趋势，2018年税收收入减少202.35亿元，2019年税收收入增加773.67亿元。减税降费政策在减轻纳税人所负担的企业所得税的同时，也进一步提高了其生产积极性，为政府带来更多的税收收入。这不仅是拉弗定理的生动表现，更表明在推行减税降费政策的同时，要把握好适度原则，使税率向最优值靠拢，避免踏入税负的不合理区间。

天津企业所得税稳步增长，2019年增税78.45亿元，税收收入呈现平稳增长态势。2018年，河北企业所得税收入增速过快，同比增长15.65%，远高于京津两市增速。随着减税降费政策的深入推行，2019年河北企业所得税在实现收入增长的同时，增长速度明显下降，实现了税收政策的平稳过渡（见表8）。

表8 2018～2019年京津冀企业所得税收入情况

单位：亿元，%

地区	2018年			2019年		
	税收收入	增加额	同比增长	税收收入	增加额	同比增长
北京	5727.46	-202.35	-3.41	6501.13	773.67	13.51
天津	931.46	31.07	3.45	1009.91	78.45	8.42
河北	991.47	134.14	15.65	1000.28	8.81	0.89
合计	7650.39	-37.14	-0.48	8511.32	860.93	11.25

资料来源：2019年、2020年《中国税务年鉴》、国家税务总局收入规划核算司《税收月度快报》。

4. 2019年京津冀各地区个人所得税情况分析

京津冀地区个人所得税收入呈现明显特点。作为一线中心城市，北京个税收入绝对值是天津、河北的数倍。2018年，京津冀地区个人所得税收入同时增加，虽基数不同，但增长率大体相同，呈现较均衡的区域增长。2019年，京津冀三地个人所得税收入同时降低，且下滑程度大体相当（见表9）。不同于企业所得税，个税的应纳税所得额相对固定，政策效应较明显。随着减税降费政策的深入推进，京津冀地区个人所得税税负有明显的下降趋势。伴随新冠肺炎疫情的暴发，国家税务部门也对应出台了一系列减税降费的政策，这些配套措施会加快修复疫情带来的经济创伤，尤其是调动微观主体的消费热情，使经济继续保持平稳运行的势头。

表9　2018～2019年京津冀各地区个人所得税收入情况

单位：亿元，%

地区	2018年			2019年		
	税收收入	增加额	同比增长率	税收收入	增加额	同比增长率
北京	1824.24	213.98	13.29	1363.09	-461.15	-25.28
天津	324.44	33.16	11.38	241.17	-83.27	-25.67
河北	263.99	33.26	14.42	175.16	-88.83	-33.65
合计	2412.67	280.40	13.15	1779.42	-633.25	-26.25

资料来源：2019年、2020年《中国税务年鉴》、国家税务总局收入规划核算司《税收月度快报》。

5. 2019年京津冀各地区分级税收收入情况分析

各区域分级税收收入情况显示，2019年京津冀地区税收总量增加，其中北京、天津、河北三地的中央级税收和地方级税收在前后两年保持基本平稳。北京中央级税收占比较大，占税收总量的3/5。而天津、河北两级税收占比基本对等（见表10）。近些年，地方政府入不敷出的情况屡屡出现，这也使得新一轮分税制改革被推上风口浪尖。扩大资源税征收范围、优化房产税以及构建绿色税制等都是学者们关注的焦点。我国的税制结构仍需不断完善，辅助税种的改革也是任重而道远。

表10 2018～2019年京津冀各地区分级税收收入情况

单位：亿元，%

地区	2018年				2019年			
	中央级税收	占全部税收比重	地方级税收	占全部税收比重	中央级税收	占全部税收比重	地方级税收	占全部税收比重
北京	7713.41	60.90	4942.07	39.10	8319.52	63.50	4778.63	36.50
天津	1734.93	51.80	1616.20	48.20	1833.87	53.00	1626.20	47.00
河北	2297.36	47.40	2545.24	52.60	2296.89	46.70	2620.45	53.30
合计	11745.70	56.34	9103.51	43.66	12450.28	57.97	9025.28	42.03

资料来源：2019、2020年《中国税务年鉴》、国家税务总局收入规划核算司《税收月度快报》。

（六）2019年京津冀税收与长三角税收情况比较

改革开放以来，随着我国对外开放政策的推行，我国经济有了飞速发展，在此过程中，凭借地理优势和政策优势，珠三角、长三角以及京津冀三大区域经济发展中心逐渐形成。集聚效应逐渐显现，国家各项扶持政策以及雄厚的资金为三大区域带来了良好的发展前景，并吸引了许多高端人才，逐渐成为带动国民经济整体发展的重要力量。但具体而言，三大经济区域的发展水平并不均衡，相比位于沿海的另外两大经济圈，京津冀地区坐拥首都，但良好的政治优势也带了一些问题，区域内发展不平衡成为制约京津冀发展的主要障碍。

2018~2019年京津冀地区和长三角地区的税收收入情况显示，一方面，京津冀地区总体税收水平远低于长三角地区，2019年京津冀地区总体税收占全国税收总量的13.76%，而长三角地区这一数据占比高达26.21%。另一方面，京津冀地区各省市的经济和税收能力也略逊于长三角各地区。其中，北京、上海分别作为两个经济圈的核心城市，其税收能力大体相当。但天津、河北相比于安徽、浙江、江苏发展依旧较为落后，这从根本上限制了京津冀经济圈的整体发展水平，表现为地区分布不均衡，地区差距较大。京津冀地区的区域协同发展任务依然艰巨，仍需不断完善体制机制，调整产业结构，缩小地区间发展差距，有效发挥协同发展的积极作用（见表11）。

表11 2018～2019年京津冀地区与长三角地区税收收入情况

单位：亿元，%

地区	2018年				2019年			
	税收收入	增加额	同比增长率	占全国税收比重	税收收入	增加额	同比增长率	占全国税收比重
北京	12655.50	251.60	2.03	8.27	13098.15	442.62	3.50	8.39
天津	3351.10	80.70	2.47	2.19	3460.07	108.96	3.25	2.22
河北	4842.59	236.59	5.14	3.17	4917.34	74.75	1.54	3.15
京津冀合计	20849.19	568.89	2.81	13.63	21475.56	626.33	3.00	13.76
安徽	4212.45	456.67	12.16	2.75	4342.79	130.34	3.09	2.78
江苏	13986.74	1413.35	11.24	9.14	14082.26	95.52	0.68	9.02
浙江	8418.60	-1262.42	-13.04	5.50	8806.99	388.39	4.61	5.64
上海	13823.77	983.87	7.66	9.04	13697.99	-125.78	-0.91	8.77
长三角合计	40441.56	1591.47	4.10	26.44	40930.03	488.47	1.21	26.21

资料来源：2019年、2020年《中国税务年鉴》、国家税务总局收入规划核算司《税收月度快报》。

二 2019年京津冀地区经济与税收状况的比较分析

税收作为国家向单位与个人以货币或实物形式无偿征收的一种财政收入，不仅仅是国家部门预算开支以及履行职能的主要经济来源，还是国家对经济进行宏观调控的重要手段和工具。对税收与经济增长之间的紧密关系可以总结如下：经济发展决定一国税收，经济增长率决定税收收入增长的速度与幅度；而税收能够反作用于经济，是国家政府对经济进行调控的重要手段与工具。

为了深入探讨京津冀地区税收与经济发展现状二者之间的关系，本部分着重分析比较京津冀地区税收和GDP的相关数据。

（一）京津冀地区税收收入与GDP的总量关系

1. GDP总量状况

京津冀地区生产总值呈逐年上涨趋势，区域协同发展的优势正在逐渐体现，就目前的发展水平来看仍有较大的提升空间。地区产业发展也表现出了明显的特点，京津冀地区各个产业呈现显著的断层，不同产业之间差距较大。第一产业始终处于绝对低位且并没有明显增长趋势，而第三产业不仅占比较大，其产业发展速度也较为可观，这与当前的经济发展形势不无关系。第二产业产值在2015~2018年逐年增加，2018年达到29297.61亿元，但2019年有较大幅度回落，降低至24281.58亿元；第三产业产值增幅最大，从2015年的39617.66亿元增长至2019年的56481.17亿元，增长至2015年的1.43倍，高于区域GDP的增长（见图9和表12）。常言道"科技是第一生产力"，第三产业的迅猛发展与科学技术的进步息息相关，而科技的成长又得益于国家发布的税收优惠政策。随着国家针对高新技术企业不断颁布的税基、税率以及税额式优惠政策贯彻落实，北京的高端化产业、天津的现代服务业与河北的先进制造业都逐渐呈现良好的发展态势，尤其是现代服务业逐渐成为跨省投资的重要对象，不仅对破除行业区域壁垒、加强政府企业的战略合作产生了积极作用，还有效促进了京津冀经济圈整体格局的提升。

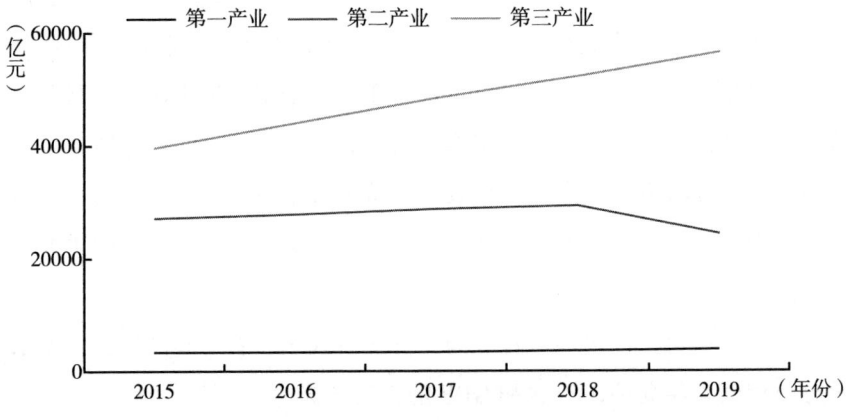

图9　2015~2019年京津冀地区各产业发展趋势

资料来源：2015年、2016年、2017年、2018年、2019年北京、天津、河北的国民经济和社会发展统计公报。

表12　2015～2019年京津冀各产业增加值

单位：亿元

年份	第一产业增加值	第二产业增加值	第三产业增加值
2015	3403.25	27145.62	39617.66
2016	3380.77	27772.68	44013.69
2017	3419.34	28766.6	48394.57
2018	3629.41	29297.61	52212.92
2019	3817.33	24281.58	56481.17

资料来源：2015年、2016年、2017年、2018年、2019年京津冀三省市的国民经济和社会发展统计公报。

2. 税收总量状况

京津冀地区税收收入呈逐年上涨趋势，2019年已经增长至2015年税收收入的1.2倍。通过税收收入占GDP比重这一数据，可以看出税收和GDP基本保持同步增长，间接反映出国家和地区经济政策的稳定。根据前文北京、天津和河北三地的税收收入数据可以得出各自税收收入在区域内的占比情况，分别为北京占比60.99%、天津占比16.11%、河北占比22.90%。

京津冀地区的税收收入与经济增长运行趋势基本协调。2015～2019年，京津冀地区的税收收入与GDP总量均呈现逐渐上涨的趋势（见表13）。一个地区的税负水平以及税收收入增长状况，取决于当地的经济发展情况，税收收入的稳健增长归功于经济态势的平稳运行，二者保持了较好的协调关系。宏观税负即税收收入占GDP的比重能够衡量一个国家或地区经济实力和税负的承受能力，2019年京津冀地区宏观税负为25.39%，远高于同年全国平均水平17.37%。与当前京津冀地区可持续发展要求和减税降费政策要求略有不符，经济发展对税收的依赖性较强，这种税收压力最终转嫁到了企业与民众纳税人的身上。因此，京津冀地区应在保持税收和经济协同发展的同时，进一步加大减税降费政策的施行力度，通过结构性减税优化当前的税制结构，进而逐步降低区域宏观税负，打造健康可持续的区域税收体系和经济发展体系。

表13 2015～2019年京津冀经济及税收情况

单位：亿元，%

年份	GDP	税收收入	GDP 增量	税收收入增量	GDP 增长率	税收收入增长率	税收收入占 GDP 比重
2015	69506.79	17905.92	5239.95	—	8.15	—	25.76
2016	74612.16	19183.03	5105.37	1277.11	7.35	7.13	25.71
2017	80626.6（修订后）	20280.30	6014.44	1097.27	8.06	5.72	25.15
2018	78963.53（修订后）	20849.19	-1663.07	568.89	-2.06	2.81	26.40
2019	84580.08	21475.56	5616.55	626.33	7.11	3.00	25.39

资料来源：2016年、2017年、2018年、2019年、2020年《中国税务年鉴》、国家税务总局收入核算司《税收月度快报》，2015年、2016年、2017年、2018年、2019年京津冀三省市的国民经济和社会发展统计公报。

（二）京津冀地区税收增长率与GDP增长率的比较分析

近年来京津冀地区税收收入增长率持续走低，从2017年的5.72%降至2018年的2.81%，之后逐渐稳定在3%的水平。这说明，近年来随着减税降费政策的持续推行，税收增长率放缓，政策初见成效，纳税人税收压力逐渐缓解。自2015年以来，除2018年由于GDP修订造成GDP增速产生较大波动外，京津冀地区GDP增长率保持稳中有降的趋势，总体来看较为乐观。从2015年的8.15%下降至2019年的7.11%，呈现出经济新常态下的GDP增长新趋势。横向来看，京津冀地区GDP增长速度虽逐步下降，但仍高于全国GDP增长速度。2015～2019年中国GDP年度增长率分别为7.04%、6.85%、6.95%、6.75%和6.11%，而京津冀地区的GDP一直以超过7%的增长率增长，2019年的最低GDP增长率也为7.11%，高于全国水平1个百分点，京津冀地区作为我国三大经济圈之一，其综合经济实力要高于全国平均水平（见图10）。

通过对京津冀地区税收增长率和GDP增长率走势对比可以发现，一方面，除2017年外，该区域GDP一直以高于税收增长的速度增长，且二者差距逐渐加大。其中，2016年GDP增长率为7.35%，税收收入增长率为

7.13%，相差 0.22 个百分点。随着时间的推移，二者差距逐渐增加，直至 2019 年，二者相差达 4.11 个百分点。2019 年税收收入的增长显示出京津冀地区经济整体保持稳中向好的走势，这是因为 2018 年减税降费政策的大力推进，增值税、个人所得税的税制优化，以及激发企业创新活力的所得税政策等不仅为新一期的经济发展注入了活力，也为未来税收收入的稳健增长奠定了基础。经济的高质量发展离不开减税降费政策的同步落实，京津冀地区的经济和税收可能会经历先下降而后缓慢提升的过程，只要其保持在合理区间，就是一种良性的表现。随着京津冀一体化的逐渐完善，区域内的空间布局将更加规范，产业结构也将深度优化，京津冀地区将会打造出更加健康合理的经济环境和税收环境。

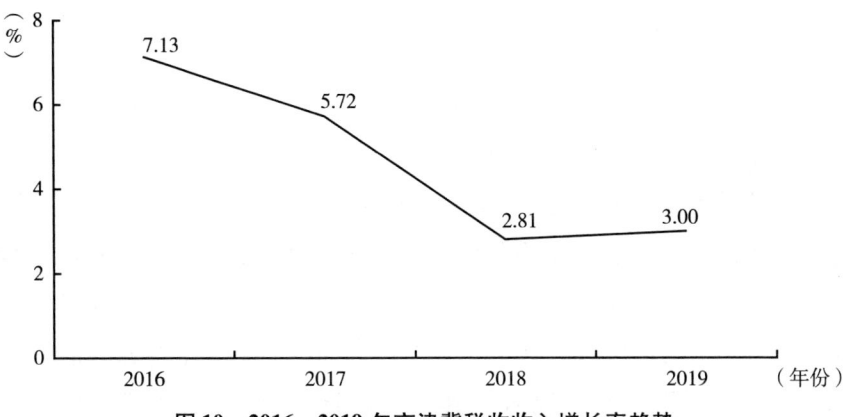

图 10　2016～2019 年京津冀税收收入增长率趋势

资料来源：国家税务总局收入核算司《税收月度快报》。

（三）京津冀地区税收弹性与 GDP 增长的比较

税收弹性系数（税收收入变动率与经济变动率之比）是反映税收收入对经济增长变化灵敏度的经济指标。在排除各种非税因素下，可以用税收弹性与 1 的大小值比较来判断经济与税收增长的相对速度。2016～2019 年京津冀地区税收弹性系数均小于 1，其中，2016 年为 0.97，2017 年为 0.71，2019 年为 0.42，表明税收增长慢于经济增长。

图11　2015～2019年京津冀GDP增长率趋势

资料来源：根据2015年、2016年、2017年、2018年、2019年北京、天津、河北的国民经济和社会发展统计公报计算所得。

首先，作为我国的三大经济圈之一，京津冀地区的经济发展水平高于全国平均水平。而随着经济的快速发展，京津冀地区产业结构不断完善，传统行业的不断减少导致税收支撑力度下降，而第三产业凭借其投入小、产出高、增长快的特点迅速崛起，逐渐发展成为京津冀地区的支柱产业。同时，近年来由于国家产业结构转型的需要，第三产业也因此获得较多税收政策优惠，由于第三产业特殊的产业性质，其纳税水平相比第一、第二产业较低，当前京津冀地区的区域纳税能力在一定程度上遭到了削弱，导致近期区域的税收增长与经济发展拉开了差距。其次，针对近年来实行的减税降费政策和减缓经济增长速度的宏观政策，由于控制经济总量的增长速度属于国家的宏观调控，在实际执行时难免会产生一定的政策时滞，因此无论是财政政策还是货币政策，都需要一个较长的反应时间来实现对宏观经济增速的影响。而减税降费政策涉及纳税人的自身利益，因此社会对于该政策的反应速度快于对经济总量增速的调整，微观主体的诉求往往会优先于社会经济的宏观目标而得到实现，使得税收增速低于经济增速。在未来的一段时间里，以减税降费为核心的政策，要求通过税收体制改革来优化税收格局，例如通过完善环境保护税、房产税，合理利用累进税制，使得税收弹性系数逐渐向最佳的水平靠拢，发挥好税收对经济增长的调节作用。

（四）京津冀地区税收协调系数与 GDP 比较分析

税收协调系数（区域税收收入比重与区域 GDP 比重之比）是反映税收与经济发展是否协调、进行区域比较的经济指标。任何导致税收协调系数偏离 1 的因子出现，都应从经济、政治、法制等影响因素方面适时做出调整，以防区域发展严重失衡。

根据统计数据，2019 年北京的税收协调系数为 2.3，天津为 1.5，河北为 0.87。北京的税收协调系数常年位于 2 以上，但近年来略有下降，而天津与河北则略有上升。整体上看，三地的区域协调水平依旧存在不合理现象，需要做出调整改进，近年来三地的税务机关不断完善区域税收协作机制，配合各地政府进行相关基础设施的建设，为高新技术产业发展和首都功能疏解铺平了道路，促进了三地税收与经济发展的平衡，未来如果能在企业跨省迁移方面建立起长期合作机制，这种良好的发展态势还能进一步延伸。

总体而言，2019 年京津冀地区整体发展趋势良好。地区生产总值不仅顺利达成预期目标，还在增加就业、稳定物价以及消费投资结构优化等方面取得了较好的成绩，居民可支配收入的增加有效拉动了国内消费，经济的企稳回升也为税收收入的稳定增长奠定了基调。2019 年税收收入同比增长 3%，按税种来看，增值税以及两类所得税贡献了其中的 80%；从产业结构看，"高精尖"领域税收快速增长，互联网新科技、新零售推动传统产业升级，而传统产业支撑力度下降。经济与税收发展相对协调，增长趋势平稳，主要的不足依然是税收弹性较小。未来京津冀地区应进一步加强互联互通，通过各领域的密切协作打破区域壁垒；增强经济发展韧性，提升高质量发展能力，合理减税降费，缩小税收增速和 GDP 增速的差距，提高税收的宏观调控作用。

三 2020年京津冀区域税收经济运行状况

回顾 2019 年，我国 GDP 增速继续保持低位，稳中下行，加之中美贸易

摩擦对我国经济增长产生了重要影响,国际贸易投资受到一定程度阻碍。复杂紧张的国际经济形势对投资者造成了预期不明的心理压力,发展积极性和前景预期下降,这些因素在一定程度上制约了国民经济的稳定增长。供给端和需求端面临双收缩局面,经济结构调整面临巨大压力。虽然2020年中美就双方贸易签订了第一阶段的协议,但2020年依然是不平凡的一年,作为实现全面建成小康社会、脱贫攻坚的决胜之年,我国经济发展面临巨大挑战。不仅如此,新冠肺炎疫情的暴发以及全球范围内的流行更是对我国经济乃至世界经济造成极大的冲击。我国政府在疫情防控方面的成功为我国奠定了较为稳定的经济复苏发展的环境。

作为一个正面抗击疫情的国家,中国承受了来自经济、社会、民众、国际舆论压力,以极快的反应速度制定出一系列被实践检验的正确的决策,极大程度上减少了疫情可能带来的危害,保障了宏观经济稳定和国民生命安全。2020年4月初,中国的新冠肺炎疫情已基本得到控制,各地生产和消费活动正逐步正常化。但不可否认的是,即使中国采取了积极措施控制新冠肺炎疫情的蔓延,此次疫情对中国经济产生的短期影响较非典时期也更为剧烈。从直接影响看,疫情从供需双向都带来影响。在需求侧,由于人员流动限制,以服务业为主的第三产业受到严重冲击,包括旅游业、餐饮业、住宿业等;在供给侧,人员、物资的流动以及短缺困难导致企业停工停产、入不敷出,企业的投资以及创新活动明显减少。从间接影响看,市场失灵的风险波及金融领域,中小企业的现金流水平发生紊乱,融资约束增加,进而影响了我国宏观经济的运行态势,二、三产业首当其冲,出口行业也受到巨大影响。

随着我国疫情防控工作的不断落实,各行业复工复产,餐饮、旅游、交通、住宿等行业逐渐恢复正常,拉动国内经济复苏。虽然国外新冠肺炎疫情形势依旧不容乐观,但是我国目前已经从时间和空间上为经济复苏营造了良好的社会环境。同时,各项减税降费政策也在积极发挥作用,不仅为企业家恢复生产提高了信心,也有效地改善了受灾地区民众的生活水平,与各项托底政策形成了坚固的防线。长期来看,我国会平稳度过新冠肺炎疫情带来的冲击，并在宏观调控政策的有力保障下，实现疫情防控和经济社会发展的双胜利。

（一）2020年上半年京津冀地区的税收情况

2020年1～6月，北京共实现税收收入2398.4亿元，天津实现税收收入1672.0亿元，河北实现税收收入1387.3亿元。

2020年新冠疫情的暴发，对京津冀地区整体税收状况产生了较大影响。首先，北京、天津、河北的税收收入相比去年同期均有所下降，且下降速度均超过15%。自1994年分税制改革以来，我国的税收收入大多数情况下都能够以高于10%的速度增长，即使实施减税降费政策以来，其增长率下降也较为平缓。2020年第一季度，京津冀地区的税收数据充分显示了中国经济各方面在疫情下的现状。宏观经济普遍减缓甚至停滞，相应的税收收入占GDP的比重也出现了断崖式下降。其次，从地区看，第一季度北京税收收入降幅最大，同比下降21.56%。天津和河北的降幅相似，均低于北京。作为中国首都和京津冀经济圈核心城市，北京是中国重要的人员集散地，人口流动大，出于疫情防控的需要，其交通枢纽的作用被大大减弱；同时北京外来务工人员较多，企业恢复正常生产受到较大影响，因此，相比天津和河北，北京的税收状况在此次新冠肺炎疫情下受影响更大，虽然税收总量仍然远高于河北、天津，但税收的下降速度也最快。

（二）2020年第一季度京津冀地区与长三角地区税收情况比较

长三角四个省市第一季度整体税收收入实现状况良好，除安徽外，上海、江苏、浙江三个省市均突破了3500亿元的收入门槛。由于减税降费政策的大力推行以及新冠肺炎疫情影响了我国的经济运行，2020年长三角税收收入整体出现了较大程度的下降，只有上海和江苏个人所得税收入出现了一定的增幅（见表14）。

表14 2020年第一季度长三角地区税收收入情况

单位：亿元，%

地区	税收收入	同比增长率	增值税	同比增长率	企业所得税	同比增长率	个人所得税	同比增长率
上海	3852.24	-18.15	1509.94	-28.16	978.72	-15.14	465.84	10.00
江苏	3590.49	-12.72	1573.13	-18.56	812.60	-0.82	293.51	6.34
浙江	3556.70	-6.65	1355.60	-13.95	853.70	4.70	353.90	-7.86

资料来源：2020年第一季度长三角三省一市的税务局税收统计数据。

长三角地区税收收入水平普遍高于京津冀地区。2020年第一季度京津冀核心城市北京的税收收入尚未超过3000亿元，而长三角地区除安徽外，其余省市税收收入均达到了3500亿元以上，相比之下，京津冀地区整体税收实力远低于长三角地区。回顾2019年的税收数据，北京税收收入与上海、江苏相差无几，远高于浙江，对比之下可以发现，2020年第一季度，京津冀尤其是北京税收所受影响较大。主要是由于北京的首都身份，作为中国的经济、政治、文化中心，北京是连接全国各地、连接世界各地的重要交通枢纽，北京控制人员流动，就意味着控制了企业员工的流动。因此，2020年第一季度京津冀地区的企业生产一方面受到国家整体经济形势的影响，另一方面也受制于外来职工复工复产困难的影响。长三角地区通过各项托底政策的施行，有力保障了企业以及员工的生产积极性，并率先全面完成了国内的复工复产，很大程度上保证了经济社会的平稳过渡。京津冀地区面临区域一体化进程不完整、行业协作网络体系不完备以及要素市场发展不成熟的问题，京津冀地区产业结构重叠、缺乏分工合作，产业融合度不高，除北京呈现"三、二、一"产业结构外，天津、河北两省市没有形成产业梯度转移、对接合作的有效模式，从而导致区域内部各省市之间没有真正做到优势互补、取长补短，在一定程度上降低了京津冀整体经济实力。而长三角地区城市群积极发挥各自的比较优势，通过部门和产业间的密切协作实现了优势共享，劣势互补。政府、产业、企业等环环相扣，深度融合，深度一体化协作，疫情防控中凸显出长三角在构建区域价值链中的战略实力。科学、健康、有效的区域发展模式使得长三角地区在疫情面前展现出强大的生命力。

作为国际公认的六大城市群之一,长三角地区有着得天独厚的地理位置,深厚悠久的从商历史,并且从很久以前就开始了对外贸易,这是长三角地区区别于京津冀地区的重要一点。通过城市间整体经济水平和税收收入差距不难看出,较长三角而言,京津冀经济圈依然有着明显的行政壁垒,这种刚性壁垒使得北京可以进行具有全国影响力的经济活动而较容易忽略其他省市的外来经济波动。雄安新区为北京非首都功能疏解提供了渠道,这也是加强京津冀地区经济合作、打破发展桎梏的表现。虽然三地的税收合作缺乏经验,经济发展水平参差不齐,但是凭借着北京的经济号召力和政策执行力,京津冀与长三角的差距会逐渐缩小,成为我国经济雄起的顶梁。

(三)2020年第一季度京津冀地区分区域经济情况分析

1. 2020年第一季度北京经济情况

(1) GDP及各产业情况

2020年第一季度北京经济整体出现负增长,GDP降幅处于较低水平。第一季度GDP总量为7462.20亿元,同比下降6.6%。第一、第二、第三产业受影响程度有较明显的区别,偏重于实体经济的第一、第二产业受影响较大,而第三产业凭借其产业虚拟性仅下降4.8%(见表15和图12)。

表15 2020年第一季度京津冀GDP及各产业情况

单位:亿元,%

地区	2020年第一季度GDP	同比增长率	第一产业	同比增长率	第二产业	同比增长率	第三产业	同比增长率
北京	7462.20	-6.6	12.70	-22.9	909.60	-17.5	6539.90	-4.8
天津	2874.35	-9.5	23.44	-11.5	852.92	-17.7	1997.99	-4.9
河北	7410.10	-6.2	545.90	-0.2	2763.20	-7.5	4101.00	-5.9

资料来源:北京市统计局、天津市统计局、河北省统计局。

(2) 市场消费情况

2020年第一季度北京社会消费品零售额的增速相较以往有明显的下降,

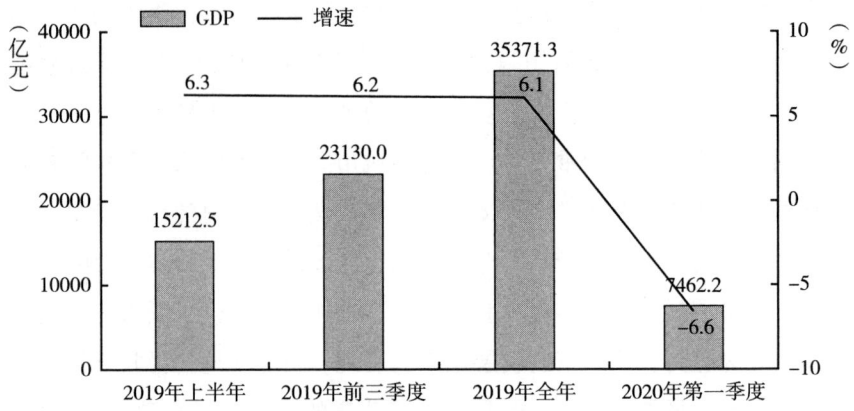

图 12　2019 年至 2020 年第一季度北京 GDP 总量及增速情况

资料来源：北京市统计局。

实体经济受到影响，这一点社会消费品零售额上得到了体现。实现零售总量 2716.5 亿元，同比下降 21.5%（见图 13）。而北京市场总消费额同比下降幅度低于同期全社会相应指标，原因可能是网上购物在一定程度上弥补了由于居家隔离减少的线下零售消费。

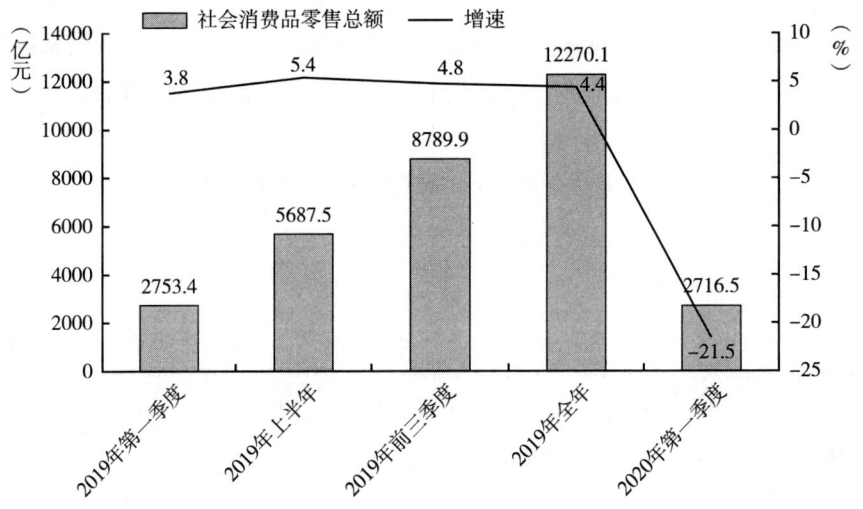

图 13　2019 年至 2020 年第一季度北京社会消费品零售总额及增速情况

资料来源：北京市统计局。

(3) 就业形势

2020 年第一季度，虽然疫情阻碍了企业的正常运营，但是线上办公软件的普及使得公司在严峻的环境面前创造了一种全新的居家办公模式，从而很好地维持了企业的经营运转。这也在很大程度上保证了员工的工作稳定性，控制住了疫情下的失业率激增问题。第一季度，北京失业率为 4.3%，相对稳定。

2. 2020 年第一季度天津经济情况

(1) GDP 及各产业情况

由于天津经济基础相比北京更为薄弱，因此疫情影响下的 GDP 增长率依然逃脱不了降为负数的命运。由此带来的各项产业增长值较往年都有了明显的差距，均出现了同比下降的情况（见图 14 和图 15）。

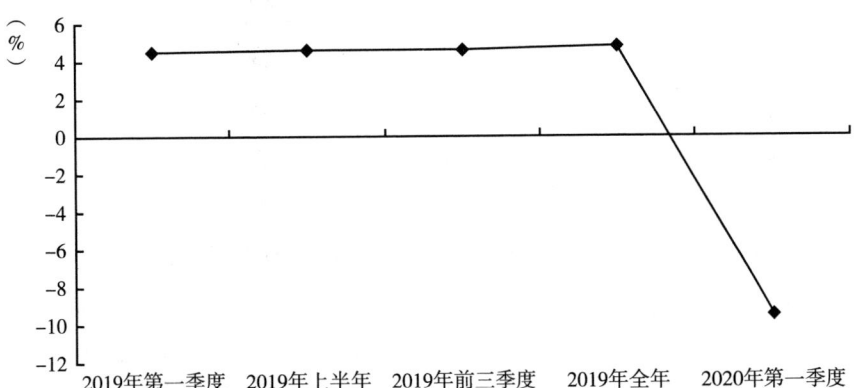

图 14　2019 年至 2020 年第一季度天津 GDP 增速情况

资料来源：天津市统计局。

(2) 市场消费状况

同北京类似，2020 年第一季度天津的社会消费品零售额也受到了疫情的影响，同比下降 25.5%。

(3) 就业形势

经济低迷严重影响了市区就业水平，新增就业较上期减少了约 1/5，由此导致的居民可支配收入水平也出现了明显的下滑。

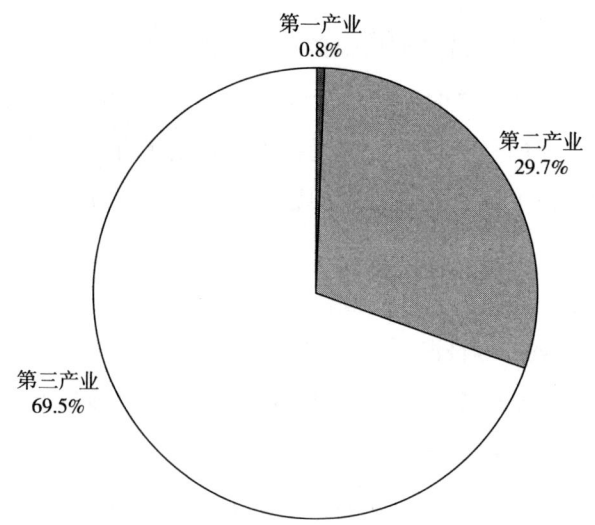

图 15　2020 年第一季度天津三次产业结构

数据来源：天津市统计局。

3. 2020年第一季度河北经济情况

（1）GDP及各产业状况

2020年第一季度，与天津相比，河北GDP增速虽然同比降低，但下降幅度小于天津，与北京相当。河北实现GDP 7410.1亿元，第二产业和第三产业受到了较大影响，增速同比降低7.5%和5.9%（见图16、图17）。

（2）人均收入状况

国家积极出台各项政策应对新冠肺炎疫情可能带来的经济影响，线上办公模式的普及将社会失业率控制在了一个可控范围内，虽然经济环境的变化依旧影响居民的人均收入水平，但影响程度较小。2020年第一季度河北人均收入水平9047元，同比下降1.3%，这一下降幅度在疫情肆虐的情况下已较为可观。

（四）在疫情下京津冀地区的税收优惠政策

为了应对新冠肺炎疫情造成的人民生活水平下降、企业停工停产以及国

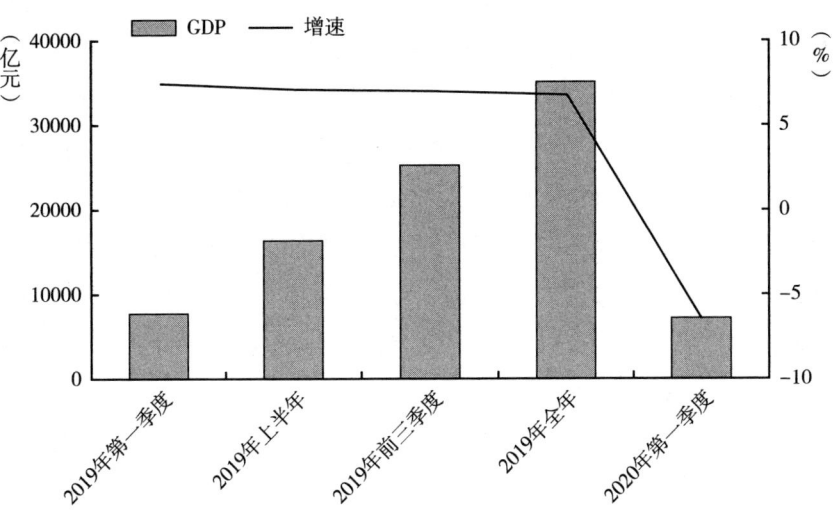

图 16　2019～2020 年河北 GDP 总量及增速情况

数据来源：河北省统计局。

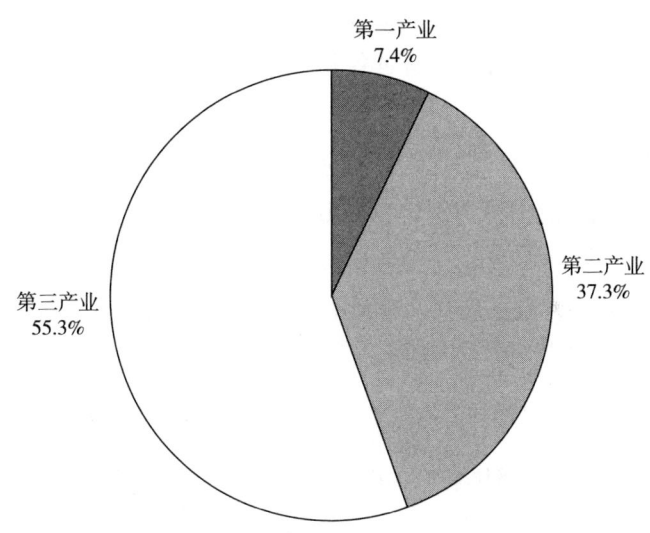

图 17　2020 年第一季度河北三次产业结构

数据来源：河北省统计局。

家经济低迷的难题,财税部门从个人所得税、企业所得税以及增值税等税种出发,制定了一系列税收减免优惠政策,包括税率、税基以及税额式的减免方案,助力各项产业发展回归正轨。税收优惠政策主要涵盖以下四个方面:支持防护救治①、支持物资供应②、鼓励公益捐赠③以及支持复工复产④。

国家税务总局面对突发疫情反应迅速,最短时间内出台了多项税收优惠政策助力疫情防控和经济稳定。社会生产受到疫情冲击,经济发展速度进一步放缓,经济形势不容乐观,各项税收政策的出台,不仅能够减轻纳税人的税收负担,提升企业生产积极性,同时能够调控宏观经济的发展,刺激消费投资,增强市场经济活力。

在国家税务总局的积极引领下,京津冀三地税务机关认真落实各项税收优惠政策,助力疫情防控和企业复工复产。首先,京津冀地区积极创新纳税缴费方式,深入拓展"非接触式"办税缴费,切实降低疫情传播风险。各项服务网上办理,为征纳双方提供便利。其次,京津冀地区也根据疫情具体情况积极调整税收管理措施,根据实际情况依法延长纳税申报期限,帮助受疫情影响的企业纾困解难。除此之外,北京、天津、河北都出台了关于减免企业社会保险、基本医疗保险等社保相关优惠政策,切实将政策优惠落实到企业、个人。

虽然疫情确实对京津冀地区乃至全国的经济和税收产生了较大影响,但国家利好政策的及时出台和落实、全国人民同心协力共同抗击疫情,国家的

---

① 取得政府规定标准的疫情防治临时性工作补助和奖金免征个人所得税;个人取得单位发放的预防新型冠状病毒感染肺炎的医药防护用品等免征个人所得税。

② 对疫情防控重点保障物资生产企业全额退还增值税增量留抵税额;纳税人提供疫情防控重点保障物资运输收入免征增值税;纳税人提供公共交通运输服务、生活服务及居民必需生活物资快递收派服务收入免征增值税;对疫情防控重点物资生产企业扩大产能购置设备允许企业所得税税前一次性扣除;对卫生健康主管部门组织进口的直接用于防控疫情物资免征关税。

③ 通过公益性社会组织或县级以上人民政府及其部门等国家机关捐赠应对疫情的现金和物品允许企业所得税或个人所得税税前全额扣除;直接向承担疫情防治任务的医院捐赠应对疫情物品允许企业所得税或个人所得税税前全额扣除;无偿捐赠应对疫情的货物免征增值税、消费税、城市维护建设税、教育费附加、地方教育附加;扩大捐赠免税进口范围。

④ 受疫情影响较大的困难行业企业2020年度发生的亏损最长结转年限延长至8年。

经济发展根基犹在,民众对国家经济发展的信心犹在。这次疫情不仅是对我国经济韧性的考验,也是对税务机关协同工作能力的磨炼,京津冀防疫一体化工作的开展可以为今后各经济部门协调工作提供宝贵经验,进而推进京津冀地区互联互通工作的开展。2020~2021年京津冀经济增长速度将逐渐提升,区域GDP达到预期增长目标,充实的税基将带来税收收入的进一步增长。

四　2021年京津冀地区税收经济展望

虽然新冠肺炎疫情全球蔓延造成了世界范围的公共卫生安全危机,许多国家的经济体系面临严峻挑战,世界经济形势不容乐观。但随着国内疫情防控取得阶段性成果,中国正在努力降低外部环境的不利影响,积极推动企业复工复产,尽快恢复国民经济正常运转。对受疫情影响严重的行业,国家各项优惠扶持政策逐步出台,最大力度地帮助社会经济恢复常态。疫情对京津冀地区的经济发展影响是不可预料的,但在政府和社会各界的努力下,经济发展势头不会减弱,经济发展质量不会降低,京津冀地区将继续推进区域协同发展,完成预期目标。

(一)保持协同发展大方向,推动协同发展纵向深入

京津冀协同发展最初是在2014年由李克强总理提出,作为我国除长三角、珠三角之外又一大区域经济发展中心,京津冀经济圈坐拥良好的地理位置,各项扶持政策更是十分优惠。相比其他省市,区域经济发展中心是国民经济发展的重要推动力量。然而,经过多年的探索和磨合,京津冀地区的发展状况并不尽如人意。无论是区域内产业结构还是经济发展水平,都呈现出不均衡的分布情况。京津冀各地区之间缺乏及时有效的沟通和信息共享机制,整个京津冀经济圈尚未形成一个完善的整体。反观长三角和珠三角地区,多年的发展为其积累了充足的经验,区域内各地区之间形成了完整的互联反馈机制,发展较为均衡,整个经济圈形成了一个牢不可破的、互荣共损的整体,区域发展战略的规划超脱于单个省市,以整体的眼光对待区域的发

展,这是京津冀地区需要借鉴的重要经验。

当前京津冀地区的重要发展方向是深入推动区域协同发展,将京津冀作为一个整体发展,只有这样才能实现区域的整体进步。2019年1月,习近平总书记在京津冀地区考察时提出了对推动京津冀协同发展的六点新要求,主要可以概括为:疏解北京非首都功能、推动雄安新区建设、推动北京城市副中心建设、积极创新、加强生态建设以及区域内公共服务体系的共建共享。这六项新要求重点解决了目前北京过度发展而河北、天津发展不足的问题,切中要害、精准解决。虽然2020年初疫情的突然暴发暂时减缓了前进的脚步,但京津冀协同发展的方向没有变,2021年将会持续推定京津冀协同发展纵向深入,继续按照习近平总书记的要求开展工作,逐步疏解非首都功能,重视区域创新,以创新引领进步,加快推动产业链融合和创新产业布局。

(二)抓紧抓实抓细防控工作,统筹做好经济社会发展工作

此次新冠肺炎疫情,无疑给中国乃至世界都造成了巨大的冲击。但实践证明,在困难面前中国特色社会主义制度再一次彰显了其优越性。各级党组织、党员同志以及广大医护工作者奔赴前线,与时间赛跑,与病毒作战,第一时间保障了人民的生命安全。短期来看,虽然受疫情冲击,国民经济暂时处于低迷状态,但长远来看,我国经济发展的长期向好的基本面没有改变。在疫情全球蔓延的形势下,我国首先控制了疫情的传播,为经济发展创造了良好的条件,这是危机中的契机。作为全球最大的经济市场,我国有巨大的潜力和强大的动能推动经济发展。化压力为动力,经受住了疫情的考验,充分利用国家创造的稳定的发展环境,做到了积极复工复产,有序恢复了生产生活秩序。

(三)各项利好政策持续推进,助力微观经济主体发展

2020年5月9日,国务院召开的会议确定的新增财政资金直接惠企利民的特殊转移支付机制,以及自疫情发生以来,国家采取的积极财政政策和稳健的货币政策对于企业融资投资积极性的提高以及经济市场的稳定所发挥

的至关重要的作用。值此特殊时期，完全依靠市场看不见的手进行经济的恢复和调节并不是明智之举，政府相关政策的辅助是促进市场经济尽快恢复常态的必要举措。

总而言之，2021年中国宏观经济将平稳回升，努力实现经济社会发展目标。具体来看，整体社会经济的发展，离不开每一个微观主体的发展，更离不开社会的稳定。因此，2021年将出台更多惠民利企政策，主要解决企业复工复产问题，降低企业融资成本、提供税收优惠，减少企业经营压力，鼓励企业创新发展。

五 对策建议

在京津冀一体化进程不断加快的同时，也暴露了人才资源不足、资本流动受阻、经济结构优化困难等问题，仍需要以长三角地区、珠三角地区为参照对象，结合自身特点总结出适合京津冀地区发展的政策方案。如何有效引导区域内生产要素的流动方向、优化产业空间分异、促进区域内各地之间经济交往、缩小发展差距、改善地区间经济和税收发展的协调性是进一步促进京津冀协同发展的重中之重。各地政府应充分认识现有差距和不足，及时调整工作重心，充分发挥市场作用，更好地发挥政府作用，推动京津冀地区的区域合作向纵深发展。

（一）完善促进区域协调发展的财税体制机制

2015年，中央审议通过了《京津冀协同发展规划纲要》，为京津冀地区下一阶段的发展指明了方向，在交通一体化、生态环境保护、产业转型升级的基础上，继续推进区域协同发展，提高政府公共服务一体化的水平，优化要素资源配置效率，提高民众的生活水平。为此，应优化当前财税体制机制，通过各项财税政策对经济发展进行有效调控，合理配置区域内的资源流动。

第一，完善财税管理体制，创新跨政府监管模式。要实现京津冀地区各政府的跨城市共同治理，首先，要实现三方财政体系的有机连接，通过建立共同的资金收支部门，统筹安排涉及京津冀整体发展的开支项目。无论是发放财政补贴、实施疫情防控期间的各项税收优惠政策，还是安排基础设施建设、开发京津冀地区互联互通的交通工程等，都可以通过共同的资金账户实现高效、精确的运营。保证资金使用的安全性与高效率，避免因政府事权和财权的不对等发生困难。其次，要通过互联网技术建设多方税收征管平台，打破体制壁垒，实现一站式管理，降低因地方税制差异以及政策冲突带来的税收收入流失风险，尤其是加大对虚开发票等逃税漏税以及骗税活动的征管以及惩处力度，通过系统的优化升级提高征管效率，进而节省人力资源以投入其他部门或业务的改善当中去。

第二，完善财税共享机制，创新财税支持方式。首先，要抓紧时间解决"分灶吃饭"的财政体制问题，通过建立京津冀地区城市间的横向转移支付体系取代旧有的对口支援方案，从根本上打破制度围墙与利益矛盾的困境。不仅要解决因为财权事权不对等造成的财政赤字和资金闲置，还要借此消除地区政府间因要素资源争夺造成的恶性竞争，通过深度合作达成共识，合理规划转移支付机制构建中的运行模式、资金来源、转移标准和问责体制等。其次，要积极创新完善多种财税支持方案。要转变直接的资金补助方式，在维持基本的价格补贴、生活补贴的基础上，提高对融资性企业、互联网企业、物流信息企业的扶持力度，通过提高产业链的整体水平催生出新一批的企业力量加入进来，实现财政资金的中长期回收，创造更大价值。最后，在制定税收优惠政策时，应当注重人才资源的培养和企业创新活动的开发，通过不同税种、不同的优惠方式构建多样化的税收扶持机制，加大对中小企业的扶持力度，助力区域间的产业结构升级。

（二）持续推进京津冀地区产业协同发展

第一，构建多层级区域发展协调机制。首先，优先建设京津冀区域协同发展领导层制度，召集专家学者成立产业发展专题组和研讨会。通过定期开展不同经济主体、不同行业领域的城市发展协调会来收集意见、科学决策，以产业转移对接活动建立多维协作渠道，建立中央决策－省级协调－市县执行－园区先行－民间互动的五级联动合作机制。其次，要关注体制建立期间的法律协调，减少不同地方因产业协作发生的体制冲突，加快体制协调性法治建设，规范产业发展秩序。

第二，多手段推进实体经济发展，尤其是民营企业的发展。首先，占据我国企业总数3/4的民营企业，为我国贡献了90%的社会就业。京津冀地区的民营企业与长三角、珠三角相比，无论从企业数量、规模上，还是从质量上都存在一定差距。推进京津冀地区实体经济的发展，要以民营经济为主要抓手，着力破除地方性法规和政策形成的行政壁垒，鼓励企业与政府建立实时沟通对话机制，加快建立面向中小微企业的信贷风险补偿体制，鼓励民营企业利用多层级资本市场上市。其次，要综合运用不同的发展手段与工具。在旧有的政策体系基础上，引入大数据、人工智能等互联网技术和人才，落实京津冀地区人工智能产业集群发展专项规划，实现京津冀地区整体企业群业务创新和管理创新能力的提升。

（三）深入推进北京非首都功能疏解工作

随着京津冀一体化进程的加快，疏解北京非首都功能的任务变得更加迫切。2020年北京各级政府对产业目录进行了增减变动，取得了阶段性的重要进展，但是要想实现工作的进一步深入，还需要解决一些关键性的问题。当下治理的关键点在于人口、环境、交通以及产业转移四个方面。在实际执行的同时，还应当照顾好被波及民众的情绪，关注这部分群体的生活质量水平，通过短期行政手段和长期的税收、土地、人才等配套政策实现平稳过渡。

第一，循序渐进地开展北京非首都功能疏解工作。首先，在取得成绩的同时，要及时对疏解成果进行巩固，重点关注政策实施目标人群的生活状态，建立工作后期反馈机制，及时对出现的生活、交通、就业等方面问题进行补救，同时加大对医疗、教育等资源的配置力度，减少社会负面舆论的出现。其次，法制工作应循序渐进地开展，通过疏解前期的法规引导以及后期的法制保障,为非首都功能疏解工作保驾护航,防止各种形式的违法建设、违法经营问题的反弹。

第二,处理好不同工作目标之间的联系。在人口、环境、交通以及产业转移四个目标中,以交通与生态环境问题作为基础性问题,应当优先得到解决,这也是提升城市整体面貌的关键一步。人口压力的缓解需要依托产业结构的调整,一方面通过教育、医疗等产业的疏解与转移带动人口流动,另一方面依托北京城市副中心功能,承接中低端业态的转移,推动高新技术产业与高等服务业在北京市区的聚集。同时,周边城市的基础设施建设以及各类配套政策也要及时跟进,通过中长期创新驱动能力的培养来提高京津冀城市群的综合产业实力。

(四)缩小京津冀地区的税收差距

2019年京津冀地区的税收收入实现23150.38亿元,其中北京的税收收入为13643.28亿元,占京津冀区域税收的58.93%,河北的税收收入为5273.27亿元,占京津冀区域税收的22.78%;天津的税收收入为4589.76亿元,占京津冀区域税收的19.83%。北京无论是经济发展水平还是税收收入都遥遥领先,这种不平衡的局面已经有了一定的改善,这得益于近年来首都功能的疏散、雄安新区的快速建设与税收部门的紧密协作。

为了缩小京津冀地区的税收差距,首先,应当进行税制的完善,通过将重心向消费税偏移来引导第二产业合理布局,缓解京津冀地区的环境压力。其次,加强第三产业的征管强度,尤其是河北和天津的现代服务业,通过政策优惠调动产业发展积极性,优化京津冀地区整体的产业结构。再次,应当加大对天津和河北产业承接地区的财政扶持力度,完善相关的基础设施,节约企业的成长时间,为日后增加税收收入打好经济基础。最后,应当加快完善税收分享机制,推进个人所得税改革按比例进行代扣代缴,减少汇入北京的比重;按照属地原则跨分征收的企业所得税,缓解总分公司间的税收差距,这对频繁进行产业承接的京津冀地区来说是颇有成效的。

（五）数字经济提高区域内纳税服务水平

数字经济的发展大大提高了区域间互联互通的能力，通过税收信用共享公用，探索运用5G、区块链等技术实现智慧办税、移动办税已经成为可预见的税收发展趋势。疫情的暴发更是使得信息技术的运用与税收征管紧密结合，以乌鲁木齐高新区为例，为进一步畅通税企沟通渠道，当地税务局利用"高小税"征纳沟通平台开展各种涉税业务，不仅高效省时，还可以办理税源预测上报、涉税信息推送、疑点数据表审核等事项。

京津冀地区要提高区域协调度，应当以优化区域纳税服务水平为突破口，顺应数字经济发展的大潮流，提升区域税收征管和协调能力，建立应变能力更强、业务办理高效、兼顾各方需求的移动办税平台。

参考文献

毛伊静：《京津冀宏观税负比较分析及政策选择》，天津财经大学，博士学位论文，2018。

孙宇娜：《京津冀协同发展背景下的税收分享机制研究》，《现代经济信息》2018年第4期。

杨舒：《2020下半场，中国经济值得期待》，《国际商报》2020年7月3日，第1版。

欣华：《攻坚克难赢未来——从政府工作报告看2020年中国发展走向》，《农村·农业·农民（A版）》2020年第6期。

中国季度宏观经济模型（CQMM）课题组：《2020~2021年中国宏观经济预测与分析》，《厦门大学学报（哲学社会科学版）》2020年第3期。

刘伟、苏剑：《疫情冲击下的2020年中国经济形势与政策选择》，《社会科学研究》2020年第3期。

中国经济时报"百名学者前瞻2020年中国经济形势"课题组：《以更大的宏观政策力度实现"六稳""六保"》，《中国经济时报》2020年4月22日，第2版。

李霞、赵小辉、傅培瑜、任佳宁：《2020年新冠疫情对世界和中国宏观经济的影响》，《当代石油石化》2020年第3期。

王一涵：《吉林省税收收入与GDP联动关系研究》，《财金观察》2019年第2辑。

陈昌龙：《安徽省税收收入与经济增长关系的实证研究》，《中国集体经济》2019年第8期。

张钰、荣红霞：《黑龙江省税收收入与经济增长关系的研究》，《商业经济》2019年第1期。

李聪：《经济增长与税收收入的关联分析》，《中国集体经济》2016。

李金泉：《经济增长与税收收入的相互关系》，《中国管理信息化》2015年第2期。

王剑：《天津经济与税收收入间的数量关系》，《中外企业家》2014年第27期。

李仁增：《税收收入与经济增长的动态关系研究——以河北省为例》，《西部财会》2013年第11期。

杨志强、卜祥来、郭顺民：《北京地方税收收入增长与经济发展的关系》，《税务研究》2013年第9期。

叶振宇：《京津冀协同发展的重要进展、现实困难与政策建议》，《河北师范大学学报（哲学社会科学版）》2019年第5期。

任春龙：《京津冀协同发展下的财税体制改革问题初探》，《中国商论》2017年第20期。

徐建伟、张义博、杨威、丁金学：《京津冀协同发展面临的供给侧问题及政策建议》，《中国经贸导刊》2018年第4期。

习近平：《在企业家座谈会上的讲话》，《光明日报》2020年7月21日，第2版。

国家税务总局北京市税务局：《国家税务总局北京市税务局2020年第一季度税收完成情况》，2020。

国家税务总局天津市税务局：《2020年分季度全市分单位完成情况表》，2020。

河北省财政厅：《2020年3月河北省财政收支情况》，2020。

国家税务总局上海市税务局：《上海市2020年税收收入统计情况》，2020。

国家税务总局安徽省税务局：《2020年第一季度全省税费收入情况》，2020。

国家税务总局江苏省税务局：《2020年第一季度江苏税务部门组织收入情况》，2020。

国家税务总局浙江省税务局：《2020年第一季度浙江税收收入情况》，2020。

B.3 2019~2020年长三角区域税收发展报告

周仕雅*

摘　要： 2019年，长三角区域三省一市产业集群化和跨区域化特征显著，现代服务业迅猛发展，促进了区域税源基础不断壮大，综合税收体量持续上升，税收结构趋于优化，税收收入与经济增长保持着长期稳定和谐发展的关系。2020年，突如其来的新冠肺炎疫情给长三角区域社会和经济发展带来较大冲击，同时伴随着外部环境不稳定、不确定因素增加，全年税收和经济发展面临的风险挑战较往年更严峻。2020年，长三角区域税收收入总体规模和经济发展的增速仍然保持中低速度。2020~2021年，长三角区域将通过一体化制度优势，把疫情防控与做好"六稳"工作紧密结合起来，建立一体化区域合作联动机制，为长三角区域市场机制、税收合作、财政分配、要素流动、数据分享等深层次问题提供制度框架和解决方案，以此进一步激发市场活力，推动长三角区域一体化向更高层次发展。

关键词： 长三角一体化　税收　经济发展

---

* 周仕雅，经济学博士，高级会计师，国家税务总局嘉兴市税务局党委书记、局长，主要研究方向为税收理论与实践、财政体制、税务会计等。

税收蓝皮书

一 2019年长三角区域三省一市税收运行状况

长三角区域是我国经济发展最为繁荣的地区之一,活跃的经济发展动力、并蓄包容的开放程度以及不断进取的创新能力,让这里成为经济高质量发展的开放热土。2019年,长三角区域在经济总量超过23.7万亿元的基础上为国家贡献税收收入超过4.4万亿元,区域税收收入占当年度全国税收收入总量的28.38%①。长三角区域无论是税收总量、财政收入还是近年来对于国家减税降费措施的落实到位程度都走在全国前列。但是从长三角区域内部来看,三省一市无论从税收总量、财政收入规模还是来源均存在显著的差异。目前"长江三角洲区域一体化发展"已上升为国家战略,长三角区域一体化进程正在向更深层次发展,三省一市之间亟须在财政资金规模、预算管理机制、税收收入分配等财税体系上构建区域合作机制,使相关财税体制机制更能适应长三角一体化高质量发展的战略目标要求,深化财税政策和税收征管协同对长三角一体化过程中起到的引领作用。

(一)长三角区域税收总量情况

2019年,长三角区域三省一市税务部门征收的税收总额为44827亿元,占全国税收收入的比重为28.38%。其中,2019年上海税收收入实现13697亿元,同比下降0.9%,占全国税收收入的比重为8.66%;浙江税收收入达到12458亿元,同比增长5.5%,占全国税收收入的比重为7.88%;江苏税收收入实现14100亿元,同比增长0.81%,占全国税收收入的比重为8.92%;安徽税收收入达4571亿元,同比增长3.4%,占全国税收收入的

---

① 2019年全国、长三角区域三省一市税收和经济增长数据均来自2019年全国及长三角三省一市的国民经济和社会发展统计公报并通过计算所得,因统计口径或统计时间的不同,本报告所用部分数据与总报告所用数据有误差,特此说明,下同。2014~2018年全国、长三角区域三省一市税收数据均来自2015~2019年各省市税收年鉴并通过计算取得。文中图表数据资料来源同上。

比重为 2.89%。长三角三省一市省际税收收入差异较大，上海、浙江、江苏三地税收收入与安徽税收收入的倍数比分别为 2.99 倍、2.72 倍、3.09 倍。安徽税收收入占长三角区域税收收入的比重相对较低，2019 年安徽税收收入占长三角税收总量的比重约为 10.2%（见图 1 和图 2）。

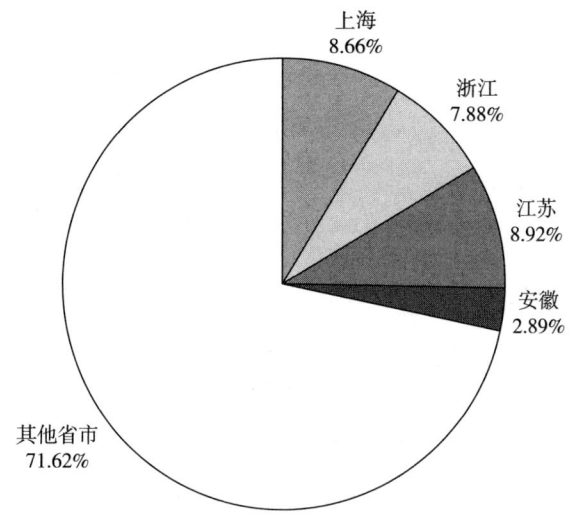

图 1　2019 年长三角区域三省一市税收收入占全国税收收入比重情况

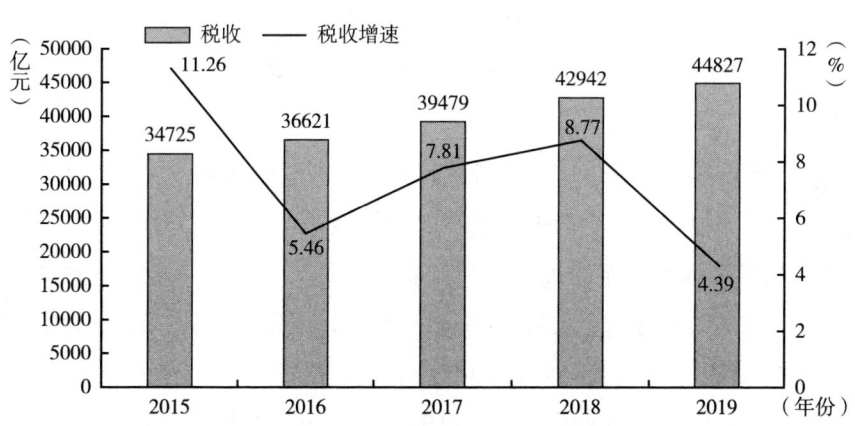

图 2　2015－2019 年长三角区域税收情况

（二）长三角区域税收收入占财政收入比例情况

长三角区域整体财政实力强，税源结构较丰富。税收收入是长三角区域各省市财政收入的主要来源。在各省市经济运行情况的报告中，通常以一般公共预算收入作为衡量地方财政收入实力的重要指标。从2019年长三角区域三省一市一般公共预算收入的构成来看，上海一般公共预算收入为7165亿元，比上年增长0.8%，其中税收收入为6219亿元，占全市一般公共预算收入的比重为86.8%；浙江一般公共预算收入为7048亿元，比上年增长6.8%，其中税收收入为5898亿元，同比增长5.6%，税收收入占一般公共预算收入的比重为83.7%；江苏一般公共预算收入8802亿元，比上年增长2.0%，其中税收收入为7340亿元，比上年增长1.0%，税收收入占一般公共预算收入的比重达83.40%，比上年下降了0.8%（见图3）。从税收收入在一般公共预算收入中的比重来看，上海、浙江、江苏三地的税收收入占地方一般公共预算收入的比重均高于全国平均水平。2019年全国一般公共预算收入190382亿元，其中税收收入157992亿元，税收收入占一般公共预算收入的比重为83.0%。2019年上海、浙江、江苏在减税降费的整体背景下税收增速与往年相比有所回落。三省市税收收入占一般公共预算收入的比重有所下降，相比之下非税收入增速却大于税收收入增速。上海、浙江、江苏2019年非税收入分别为946亿元、1150亿元、1463亿元，分别同比增长14.7%、13.7%、7.0%。

长三角区域三省一市中，安徽税收收入占一般公共预算收入比重相对偏低，并且该比值也低于全国平均水平。根据《关于安徽省2019年预算执行情况和2020年预算草案的报告》和《安徽省2020年全省一般公共预算收入预算表》相关数据显示，安徽2019年一般公共预算收入为3183亿元，同比增长4.4%，其中税收收入为2210亿元，同比增长7%。

长三角区域三省一市财政收入规模及其来源存在显著差异。从2015年至2019年三省一市一般公共预算收入总体规模呈逐年递增趋势，但是各省市增速不尽相同。一般公共预算收入增长速度最为明显的省份为浙江，2019

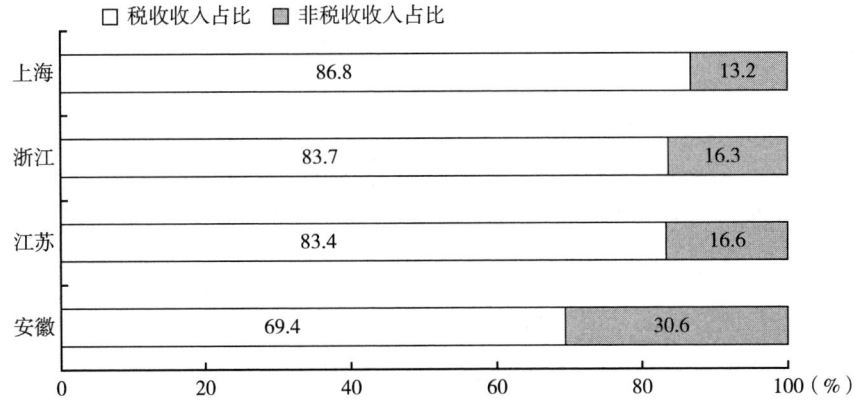

图3 2019年三省一市税收收入、非税收入占一般公共预算收入比重情况

年浙江一般公共预算收入几乎追平上海，5年间平均增速为9.16%。上海、江苏和浙江在财政收入总量方面均大于安徽，并与安徽拉开了一定的距离（见图4）。

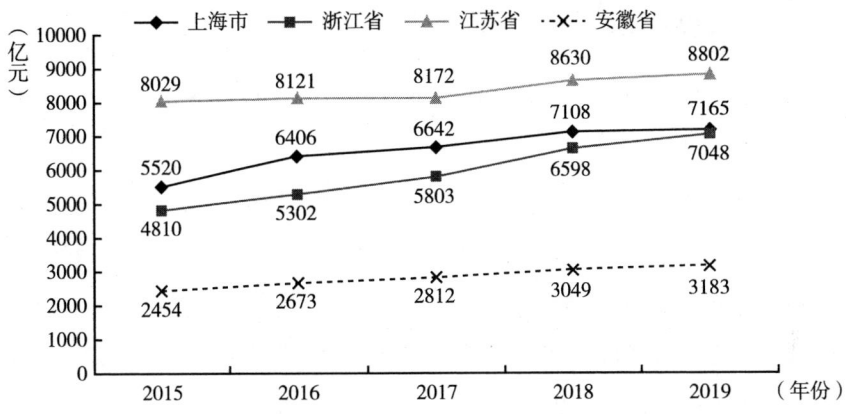

图4 2015~2019年长三角区域三省一市一般公共预算收入增长情况

当前，我国经济发展处于调速换挡过程中，税收收入持续保持高速增长的势头不再。在今后一个可预期的长时间段内，税收收入增速可能会呈下降趋势，财政收入增长幅度也大打折扣。政府要维持庞大的财政预算，除需要有可持续的税基和稳定的财源保证之外，更要在财政节支上多做文章。在财政收入增速下滑的现状面前,上海市政府节流减支,不断提高财政资金使用精准度,2019年上海一般公共预算支出为8179亿元,同比下滑2.1%。浙江政府通过统筹调度盘活财政存量资金,持续支持民生事业发展,重点增加对脱贫攻坚、科技创新、生态环保,以及教育、养老、医疗等民生重点领域的投入,持续改善支出结构。全年浙江一般公共预算支出为10053亿元,同比增长16.5%,用于环保节能、城乡改善、健康卫生、就业社保方面的支出分别增长38.4%、40.5%、20.6%和17.3%。江苏一般公共预算支出为12574亿元,同比增长7.9%。支出项目中,教育培训支出为2218亿元、公共安全支出为856亿元、卫生健康支出为906亿元、社保就业支出为1416亿元,分别比上年增长7.9%、3.6%、7.1%、7.6%。安徽财政支出为7392亿元,同比增长12.5%。重点支出项目中,社会保障与就业、城乡社区事务、科学技术、教育等四项支出分别增长13.6%、15.8%、28.2%、9.8%。

(三)减税降费政策落实情况

2019年,我国实施大规模减税降费政策。全年减税降费超过2.36万亿元[1],占当年度我国GDP的比重超2%。国家税务总局数据表示,减税降费拉动2019年GDP增长0.8%,拉动固定资产投资增长0.5%,拉动社会消费品零售总额增长1.1%。减税降费为保持经济总体平稳、稳中向好的发展态势发挥了重要作用,对推动经济高质量发展的深层效果正在逐步显现。

2019年长三角区域三省一市大规模推进国家相关减税降费政策落地,并且高质量地付诸实施,以政府收入的"减"换取企业效益的"加",以经济社会的"减负"带来市场主体的"活力"。大规模减税降费政策实施后,在短期内对长三角区域三省一市政府财政收入产生了较为明显的减收效应。但从长期来看,减税降费有利于增强长三角区域经济增长后劲、培育和涵养

---

[1] 吴秋余:《去年新增减税降费超2万亿元拉动GDP约0.8%》,人民日报(海外版),2020年1月7日,http://finance.people.com.cn/n1/2020/0107/c1004-31536790.html。

未来税源、提升财政、税收及经济社会可持续发展能力。

2019年，上海新增减税降费超过2022亿元，切实减轻企业负担，减税降费效应明显；浙江全年全面落实增值税率下调、小微企业和科技型初创企业普惠性税收减免、困难企业社会保险费返还等政策措施，全年为企业减负2280亿元，比年初计划多减780亿元；2019年江苏减税降费超过2200亿元，发挥了稳定市场预期、推动产业转型升级、助力民营经济发展、改善社会民生等综合效应；2019年安徽围绕减税降费，持续拓展政策宣传力、政策执行度、服务简便化，全年新增减税降费814亿元。

总体来说，2019年长三角区域三省一市坚决落实国家减税降费相关政策，减税降费举措有力，企业发展信心显著增强，税费收入量稳质优，营商环境持续优化，以政府财政收入的"减法"换取企业效益的"加法"、市场活力的"乘法"，为长三角一体化的发展后劲储蓄了可持续的巨大动能。

（四）长三角一体化中的财税引领作用

长三角区域三省一市的资源配置差异引致了省际存在一定的财税差异，正是这种差异不断影响区域内要素流动，并引发区域内公共产品供给不均衡、扭曲地方政府行为、资金使用效率不高等一系列突出问题，使区域内要素配置达不到最优解。

2019年6月22日，在第六届财经发展论坛"长三角一体化的财税政策"分论坛上，与会专家学者提出，长三角一体化要重视财税政策的全要素引领与行政合作的核心作用。长三角一体化愿景的实现，其关键的现实路径就是做到全要素全流动，通过要素的流动来形成合理的产业结构优化调整模式。实现该模式的主要难度就是公共服务均等化供给和产业布局共构协调，要解决这些问题的关键是三省一市需要制定一系列财税制度矩阵，横向政策文件包括税收征管协调政策、预算政策、税收优惠政策和转移支付政策；纵向体制机制包括协同财税征收管理机制、涉税争议协调机制、财税收益分配机制等一系列框架制度。另外，从时间跨度上来看，完善长三角一体化的财税政策要处理好短期和中长期的关系。短期的财税政策是在现行的财

税制度下进行阶段性的调整。中长期的财税政策偏重制度性，涉及预算体制、税收制度的改革，这些中长期财税政策都是需要长三角区域三省一市各级政府共同协调推进的。

长三角区域一体化进程中，在财税机制上需要率先贯彻新发展理念，通过解决财政税收体系机制上制约一体化深入发展的关键性问题，实现共享税收收益权利，促进要素平等自由流动，突破各种要素的流动障碍，鼓励要素优化配置，防止地区间存在不正常的税收竞争。

二 2019年长三角区域经济运行状况

2019年，面对国内外风险挑战明显增多的复杂局面，长三角区域经济增长继续保持中高速，地区经济总量稳步扩大，占全国经济总量比重继续保持上升趋势，产业结构调整节奏加快，经济发展质量不断提高，进一步展现出其对全国经济发展的支撑和引领作用。但是从长三角区域内单个省市情况比较来看，长三角区域内省际经济质量与数量的绝对差距仍较大，经济发展水平地区不均衡现象仍较明显。

（一）2019年长三角区域经济总量指标概况

1. 区域经济增速显著高于全国,领先优势有所缩小

2019年，长三角区域生产总值合计为23.7万亿元，约占当年度全国国内生产总值的23.9%，同比增长6.7%，高于全国GDP平均增速，但是较上年地区经济增幅下降2.2个百分点（见图5）。拉长时间跨度来看，近五年长三角区域经济实现了较快增长，区域生产总值年均增速约8.7%，比全国GDP年均增速高了2%。长三角区域经济增速在2017年达到高点后呈现逐渐下降态势，相对于我国经济平均增速的领先优势有所缩小。

2019年上海、浙江、江苏、安徽等地区生产总值分别增长6.0%、6.8%、6.1%、7.5%，除上海经济增速与全国基本持平之外，其他三省经济增速均高于全国。从近五年来看，上海、浙江、江苏、安徽地区生产总值

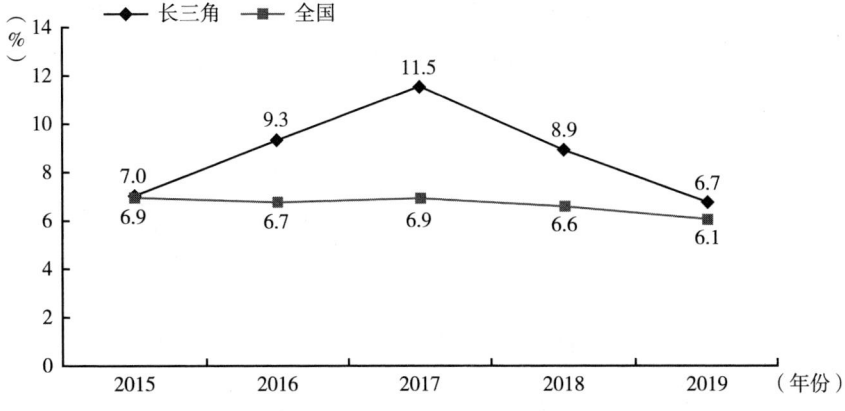

图 5　2015－2019 年长三角区域 GDP 增速及与全国比较

的年均增速分别为 6.7%、7.3%、7.5% 和 8.3%。其中,上海年均增速与全国年均增速基本相当,其他三省年均增速都显著高于全国。从每年增幅来看,长三角区域三省一市经济增速都呈下滑趋势,江苏地区生产总值增速下滑最为明显,其余二省一市经济增速下滑几乎同步(见图 6)。

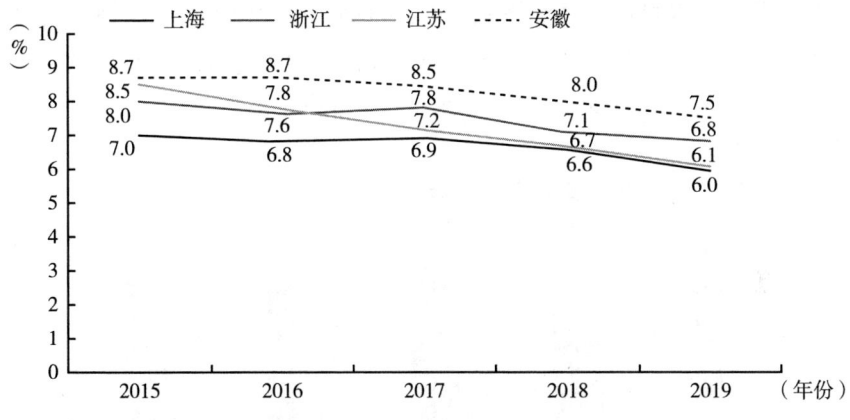

图 6　2015~2019 年长三角区域三省一市 GDP 增速

2. 经济总量份额稳步提升,区域内部经济格局正经历微妙转变

2015~2019 年,长三角区域经济总量年均增长 1 万亿元以上,占我国国内生产总值的比重不断提高。2015 年,长三角区域生产总值为 160667 亿

元,占当年我国国内生产总值的比重为23.3%。2019年,长三角区域生产总值为237253亿元,占当年我国国内生产总值的比重比2015年增加了0.62%。(见图7)。

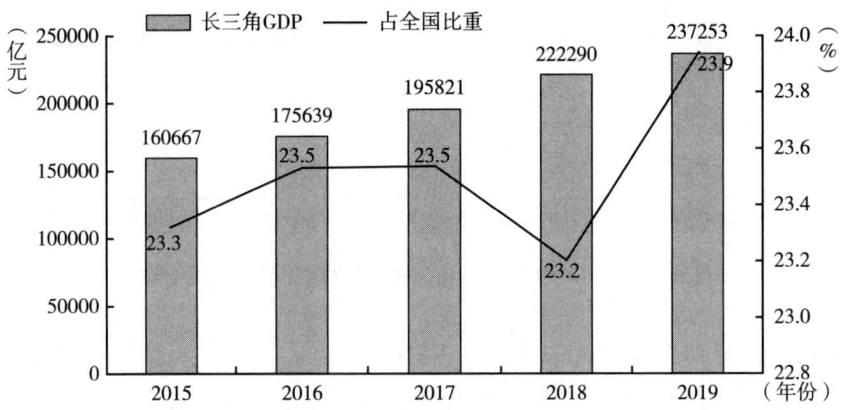

图7 2015~2019年长三角区域GDP及占全国的比重

从近五年长三角区域各省市地区生产总值占区域经济总量的比重来看,浙江和江苏经济总量占地区经济总量的比重趋势呈缓慢下行;上海经济总量占比走势比较平稳,起伏波动不大;安徽经济总量占地区经济总量的比重走势整体呈上升态势(见图8),长三角区域内部经济格局正经历微妙变化。

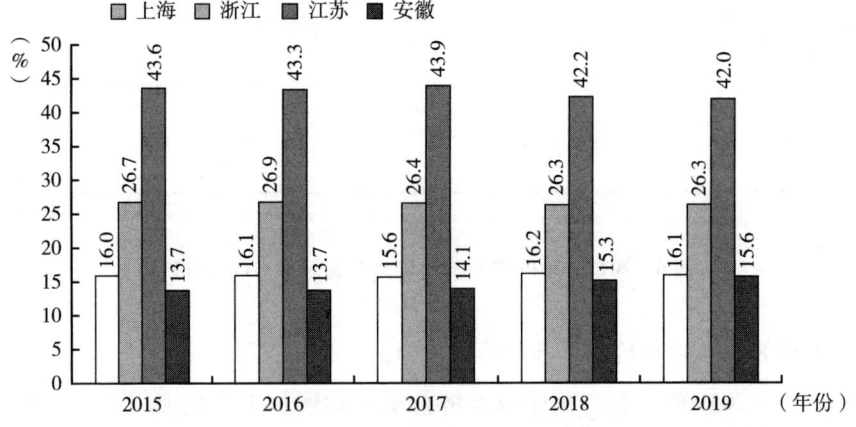

图8 2015~2019年长三角区域三省一市GDP占区域总量的比重

3. 区域整体人均经济指标好于全国,省际发展不平衡

从地均生产总值来看,2019年上海每平方公里土地创造的地区生产总值达到6.02亿元,江苏、浙江和安徽三省均不到1亿元,上海呈现绝对领先优势。通过加权平均计算,长三角区域整体地均生产总值高于全国。从人均生产总值来看,2019年上海、江苏、浙江人均地区生产总值分别达到了15.71万元、12.35万元、10.66万元,三省市均明显领先于全国平均水平。安徽人均地区生产总值5.21万元,低于全国人均地区生产总值7.09万元这一平均水平。加权平均之下的区域整体人均地区生产总值指标又好于全国。

从城乡居民人均可支配收入来看,2019年上海城乡居民人均可支配收入最高。安徽城乡居民人均可支配收入指标均低于全国平均水平。城镇居民可支配收入与农村居民可支配收入的比值被用以衡量城乡收入差距。2019年上海、浙江、江苏、安徽城乡收入倍差分别为2.22、2.01、2.25、2.44,可见浙江城乡收入差距最小,安徽城乡收入差距最大。三省一市城乡收入倍差均低于全国平均水平,表明长三角区域三省一市城乡收入差距相对全国更为均衡,差距更小(见表1)。

表1 2019年长三角区域三省一市主要经济指标

地区	土地面积 (平方公里)	常住人口 (万人)	GDP(亿元)			居民人均可支配收入		
			总量	地均	人均	城镇(元)	农村(元)	倍差
上海	6341	2428	38155	6.02	15.71	73615	33195	2.22
浙江	104141	5850	62352	0.60	10.66	60182	29876	2.01
江苏	107200	8070	99631	0.93	12.35	51056	22675	2.25
安徽	139600	7119	37114	0.27	5.21	37540	15416	2.44
全国	9600000	140005	990865	0.10	7.09	42359	16021	2.64

(二)2019年长三角区域三省一市产业发展情况

1.产业结构优化升级,省际差异较明显

2019年,上海、浙江、江苏、安徽第三产业增加值分别为27752.28亿元、33688亿元、51064.7亿元、18860.4亿元,比上年分别提高了1.8%、

7.8%、6.6%、7.7%，分别占本地区生产总值的比重为72.7%、54%、51.25%、50.8%。从长三角区域三省一市产业结构比较来看，上海第三产业增加值占地区生产总值的比重较第二产业高近40%，服务经济主导的"三、二、一"型产业结构特征显著。浙江和江苏两省第三产业增加值占地区生产总值的比重略高于第二产业，形成服务业和工业基本并重的"三、二、一"型产业结构；安徽第二产业增加值占地区生产总值的比重仍高于第三产业，为"二、三、一"型产业结构，工业仍是拉动安徽省经济增长的主要动力①。

2. 不同经济类型企业发展向好，营商环境不断优化

从历史经验来看，优良的营商环境是长三角区域吸引内外资企业持续投资的重要竞争力。近几年来长三角区域三省一市都把不断完善营商环境看成是长期的任务来抓，以市场主体期待和需求为导向，围绕破解企业投资生产经营中的突出问题，不断降低企业外部性成本。通过创设更加公平、透明、可预期的营商环境，以此增强企业发展信心和竞争力。在不断优化营商环境的背景下，2019年长三角区域三省一市不同经济类型企业发展形势向好。按所有制形式来看，全年上海公有制经济增加值为18328.67亿元，比上年增长6.1%。非公有制经济增加值为19826.64亿元，增长5.8%。江苏全年非公有制经济实现增加值为74125.9亿元，占GDP比重达74.4%；按不同企业性质来看，浙江全年国有及国有控股企业、私营企业、外商投资企业、港澳台商投资企业工业增加值分别增长4.7%、8.0%、2.1%、6.1%。按私营经济体量来看，2019年江苏、安徽民营经济增加值占GDP比重分别达到55.9%、60%。

3. 新兴产业增速提升，重点行业表现突出

2019年，长三角区域新兴产业整体规模实现较快增长，占区域生产总值比重稳步提升。长三角区域是我国集成电路、人工智能、生物医药产业要素密度最聚集、产业链发展最完整的地区之一。2019年长三角区域三省一市共同参与建设的G60科创走廊上升为落实国家战略重要平台，科技创新已成为

---

① 王振主编《2018长三角区域经济发展报告》，上海社会科学院出版社，2018，第8页。

长三角区域对冲经济下行压力、推动区域经济高质量发展的强大动能。2019年,长三角区域协同创新水平快速提升,资源共享程度不断深化,新兴产业发展正展现蓬勃生机。其中,上海战略性新兴产业增加值为6133.22亿元,比上年同比增长8.5%,占上海生产总值的比重为16.1%,比上年提高0.4%。2019年年底,上海共有高新技术企业约1.3万户;江苏战略性新兴产业、高新技术产业产值分别增长7.6%和6.0%,占规模以上工业总产值比重分别达32.8%和44.4%,比上年同期分别增加0.8%、0.7%;浙江以"新产业、新业态、新模式"为主要特征的"三新"经济增加值占GDP比重为25.7%。新通讯、新能源、新材料产业增加值分别增长18.4%、11.9%、8.8%;安徽战略性新兴产业产值增长14.9%,比规模以上工业产值高8.2%。

(三)2019年长三角区域三省一市经济发展概况

2019年,长三角区域三省一市投资和消费实现同比增长,但是较2017年、2018年两年增速有所降低。从2017年开始,长三角区域三省一市出口情况摆脱前两年的疲软状态,形势明显好转。但是进入2019年,受外部多方面因素影响,三省一市出口增幅比前两年下滑明显(见表2)。

表2 2019年长三角区域投资、消费和出口概况

单位:亿元,%

地区	经济数据			同比增长		
	固定资产投资	社会零售品总额	出口	固定资产投资	社会零售品总额	出口
上海	8012.20	13497.21	13720.91	5.1	6.5	0.4
浙江	36702.86	27176.00	23070.00	10.1	8.7	9.0
江苏	58488.37	36367.82	27208.60	5.1	6.2	2.1
安徽	35631.90	13377.70	2787.00	9.2	10.6	11.6
长三角	138835.33	90418.73	66786.51	—	—	—
全国	560874.00	411649.00	172342.00	5.1	8.0	5.0

近五年来,长三角区域经济增长动力始终处于动态调整转换阶段。三大经济发展动力中,全社会固定资产投资和代表内需动力的社会消费品零售总

额规模体量都呈现上升走势,但是增速稳中有降。相较于投资与消费,出口增速波动幅度最大。

1. 投资增长相对平稳,总量处于上升通道

2019年,长三角区域投资增长情况总体较好。交通投资、高新技术产业投资、民间项目投资、生态环保和公共设施成为长三角区域三省一市重点投资领域。上海和江苏全年固定资产投资增速较上年基本持平。其中,上海完成全社会固定资产投资总额8012亿元,同比增长5.1%,非国有经济投资增长3.9%;江苏完成固定资产投资总额58488亿元,同比增长5.1%,民间投资增长3.0%,民间投资占全部投资比重达69.6%;浙江和安徽固定资产投资增速保持高位增长。浙江全年完成固定资产投资总额36703亿元,同比增长10.1%;安徽全年完成固定资产投资总额35632亿元,同比增长9.2%(见图9)。2019年长三角区域三省一市共实现固定资产投资总额约138835亿元,占全国投资总额的24.75%。

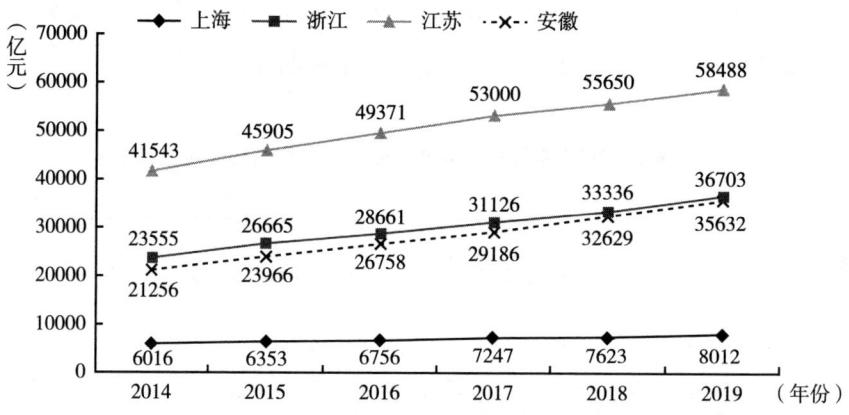

图9 2014~2019年长三角区域三省一市全社会固定资产投资情况

近五年来,长三角区域固定资产投资绝对值保持上升势头,但是增速总体呈现弱势下行走势(见图10),占全国投资总额的比重保持微弱上升走势。

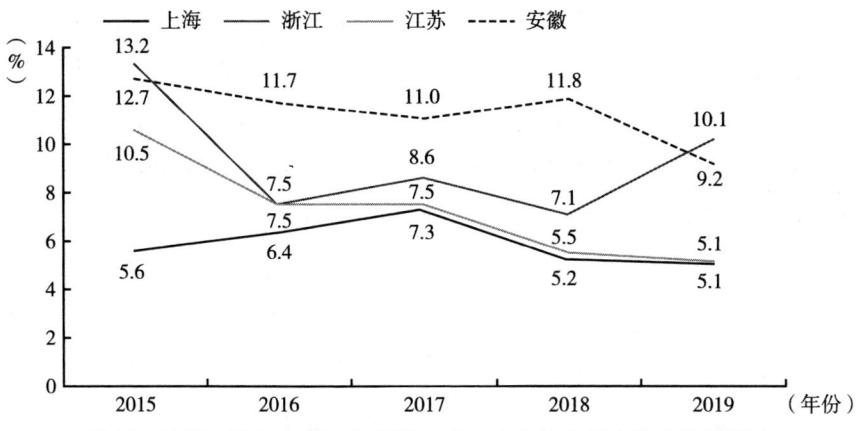

图10 2015~2019年长三角区域三省一市全社会固定资产投资增速

注：2019年全国固定资产投资数据根据第四次全国经济普查、统计执法检查和统计调查制度规定，对2018年固定资产投资数据进行修订，2019年增速按可比口径计算。

2. 消费总量增长持续上升，近年总体增速略有回落

2019年长三角区域内需消费实现较快增长。以社会消费品零售总额作为内需消费的衡量指标来看，2019年江苏、浙江和上海三省市社会消费品零售总额实现个位数的增长，安徽实现了两位数增长。上海全年实现社会消费品零售总额为13497亿元，同比增长6.5%。江苏、浙江、安徽全年实现社会消费品零售总额为36368亿元、27176亿元、13378亿元，比上年分别增长了6.2%、8.7%、10.6%（见图11）。

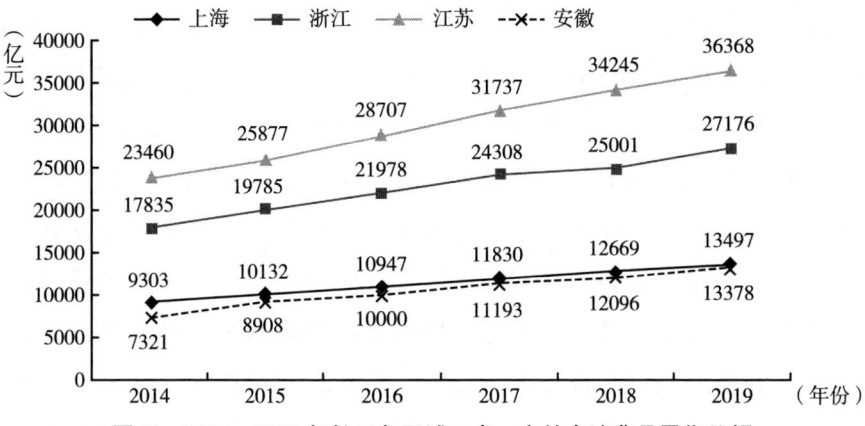

图11 2014~2019年长三角区域三省一市社会消费品零售总额

以时间轴纵向比较来看，近年来，长三角区域三省一市内需消费增幅总体呈现微弱下滑走势（见图12）。2019年，长三角区域三省一市共实现社会消费品零售总额约9.04万亿元，约占全国社会消费品零售总额的21.97%，近五年来该项比重较为稳定。长三角区域社会消费品零售总额占全国的比重与固定资产投资额占全国的比重相当。

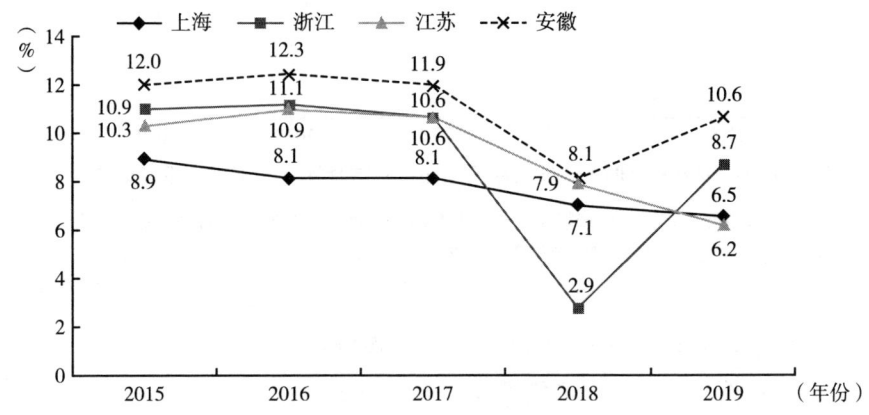

图12 2015～2019年长三角区域三省一市社会消费品零售总额增速

3. 出口增速明显回落,近几年波动幅度较大

近五年来，长三角区域出口增速呈现较明显的波动变化特征，不仅同一地区不同年份之间出口增速变动幅度较大，甚至同一年份不同省区之间，出口增速也存在较明显的地区差异。2015年、2016年，受复杂的国际环境、出口市场以及产品结构等影响，长三角区域出口形势相对比较疲软，2017年、2018年长三角区域出口形势触底反弹，外贸增长迅猛（见图13）。

2019年，主要发达经济体市场需求疲软，新兴经济体发展动力不足。从世界范围来看，全球经济下行压力加大。面对世界经济和全球贸易增长势头放缓、不稳定和不确定因素增多的外部环境，长三角区域三省一市积极贯彻稳外贸、稳外资要求，持续推进更高水平对外开放，推动外贸稳定增长和发展，实现外贸发展总体平稳，稳中提质。从出口数据上来看，2019年上海、浙江、江苏、安徽货物出口额分别为13721亿元、

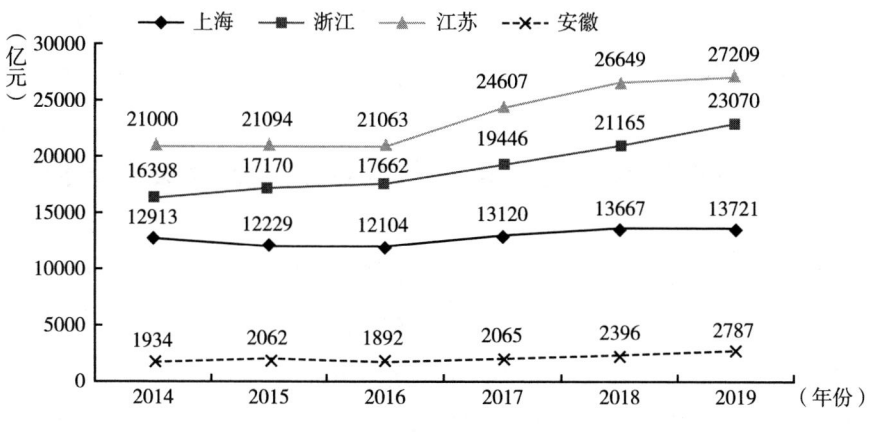

图 13　2014~2019 年长三角区域三省一市出口情况

注：2014 年江苏、安徽出口数据按 2014 年人民币平均汇率为 1 美元：6.1428 元人民币计算取得；2015 年江苏出口数据按 2015 年人民币平均汇率为 1 美元：6.2284 元人民币计算取得；2016 年安徽出口数据按 2016 年人民币平均汇率为 1 美元：6.6423 元人民币计算取得；2018 年安徽出口数据按人民币平均汇率为 1 美元：6.61741 元人民币计算取得；2019 年安徽省出口数据按 2019 年人民币平均汇率为 1 美元：6.8985 元人民币计算取得。

23070 亿元、27209 亿元、2787 亿元，分别同比上年增长 0.4%、9.0%、2.1%、16.3%（见图 14）。

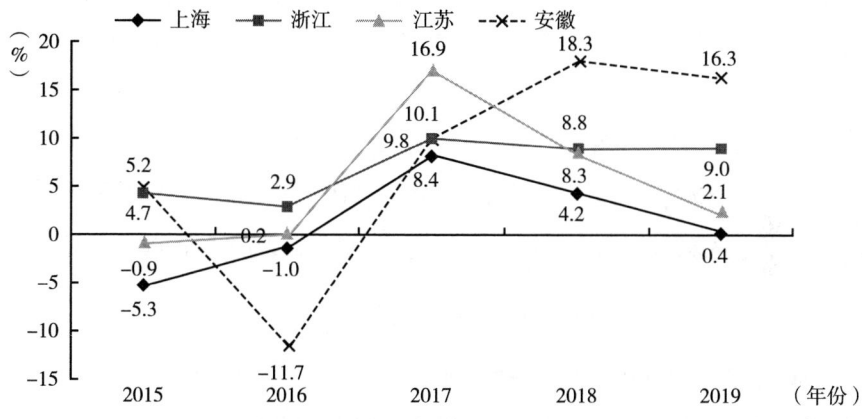

图 14　2015~2019 年长三角区域三省一市出口增速

2019 年长三角区域三省一市共实现出口总额约 6.68 万亿元，约占全国出口总额的 38.75%。五年来，长三角区域三省一市出口额占全国出口

总额比重比较稳定,且明显高于社会消费品零售总额和固定资产投资额占全国总额的比重。

三 2019年长三角区域税收与经济发展相关性分析

稳定可靠的税收收入为长三角一体化发展提供了坚实的财政基础。近几年来,长三角区域税收收入随着经济总量的增长也在不断增长。现通过对2019年长三角区域税收数据和经济相关指标的整理统计,从税收收入、税收弹性系数和宏观税负三个维度来分析比较长三角区域税收与经济发展的相关性和发展情况,以此把握税收收入形势,掌握税收收入增减规律,科学评估长三角区域三省一市税收收入和经济发展相关关系。

(一)从税收与经济增长的总量角度比较

税收收入的稳步增长通常被认为有两种可能的途径:一是"制度性增税",即通过提高税率,或立法开设新的税种;或是扩大征收范围,这一途径是通过增加税收负担的方式来增加税收收入;二是在已有税制框架不变的情况下因经济繁荣、管理效率提升、政策刺激等因素引起税基增长式税收总量增加。通过长三角区域税收收入与GDP总量数据构建回归分析模型(见图15),以此了解长三角区域税收收入增长的路径。

回归分析模型以GDP总量为X轴数据、税收收入总量为Y轴数据,导出散点图,税收收入和GDP总量成线性相关关系,计算获取的线性回归方程如下:

$$税收收入 = 0.133 \times GDP 总量 + 13379.521 \qquad (1)$$

该模型的R方为0.9997,拟合度优。

回归模型结果说明长三角区域GDP总量和税收收入呈高度正线性相关关系,表明长三角宏观经济发展水平与税收收入总量保持同步变动趋势,呈现出相互促进的良好态势。这客观反映了长三角税收与经济情况——税收增长是和GDP增长相协调的。

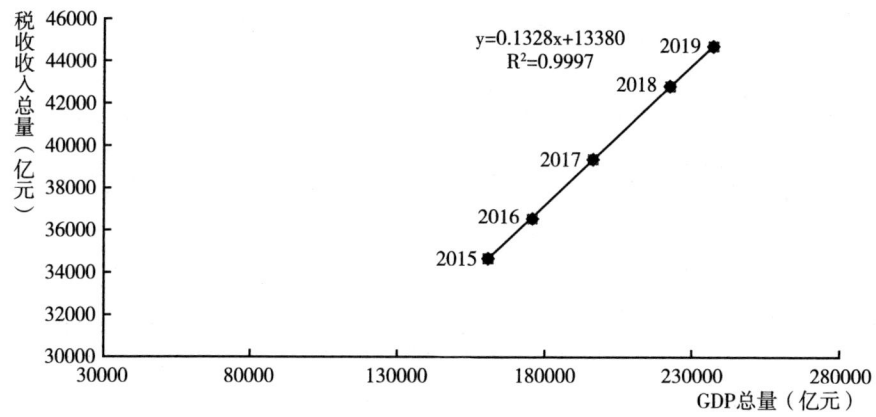

图15　2015~2019年长三角区域税收收入总量与GDP总量散点

近年来面对国际国内错综复杂的环境，长三角区域经济显示出强大的韧性，保持了总体平稳、稳中有进态势，不断加大经济结构调整和减税降费力度，经济活力和经济规模不断提升。区域经济总量的逐年攀升也为税源扩大、税收增加奠定了坚实的基础。可以说，长三角区域这几年税收收入的增长不是政府人为"增税"的结果，而是通过第二种途径自然实现的。

（二）从税收与经济增长的弹性角度比较

税收弹性是指描述税收收入相对于国内生产总值的弹性的指标，即在现行的税率和税法下，税收收入变动的百分比对国内生产总值变动的百分比的比值。通常经济增长对税收收入的决定作用，也在税收弹性上表现出来。这也是经济增长中衡量税收收入增长贡献程度的指标。用公式表示：

$$Et = (\triangle T/T)/(\triangle Y/Y)① \tag{2}$$

其中，Et 表示税收弹性系数，$\triangle T$ 表示税收收入增量，T 表示当年度税收收入，$\triangle Y$ 表示当年度GDP增量，Y 表示当年度GDP。长三角区域税收增长率、GDP增长率及税收弹性见表3。

---

① 张钰、荣红霞：《黑龙江省税收收入与经济增长关系的研究》，《商业经济》2019年第1期。

表3 2015~2019年长三角区域税收弹性系数

单位：%

年份	税收增长率	GDP增长率	税收弹性
2015	11.26	6.98	1.61
2016	5.46	9.32	0.58
2017	7.81	11.49	0.68
2018	8.77	8.92	0.98
2019	4.39	6.73	0.65

2015~2019年间，长三角区域的税收弹性系数错综复杂，波动性大，五年间长三角区域税收弹性除了2015年达到1.61以外，之后年份的税收弹性系数均不超过1。传统税收弹性理论认为，弹性系数应等于或略大于1，才能使国内生产总值的增长率与税收收入的增长率保持同步，这样的状态是税收增长与经济发展最为匹配的较优状态。国内也有相关税收专家认为，我国最优的税收弹性区间为0.8~1.2。长三角区域近五年平均税收弹性系数约0.9，正好处于该最优弹性区间内，即税收收入的增长幅度略低于经济增长的幅度。这一现象应该与长三角区域近些年不折不扣落实好各项简政放权、减税降负政策，营造稳定公平透明、可预期的税收营商环境分不开。

（三）从宏观税负角度比较

2015~2019年，长三角区域平均宏观税负水平为20.17%，高于全国同时间段宏观税负平均水平4.19个百分点（见图16）。长三角区域三省一市政府连续多年不折不扣落实好国务院各项减税降费政策，2019年长三角区域减税降费规模约7300余亿元，对激发市场活力、优化营商环境发挥了重要作用。落实减税降费政策带动长三角区域宏观税负逐年下降。长三角区域宏观税负从2015年的21.61%下降至2019年的18.89%。

长三角区域三省一市中，上海的宏观税负水平明显高于其他三省（见图17）。江苏、浙江、安徽的宏观税负水平变化被认为是具有趋同趋势。这是由于地区间一定程度的良性税收竞争导致的趋同性，通常源自长三角区域

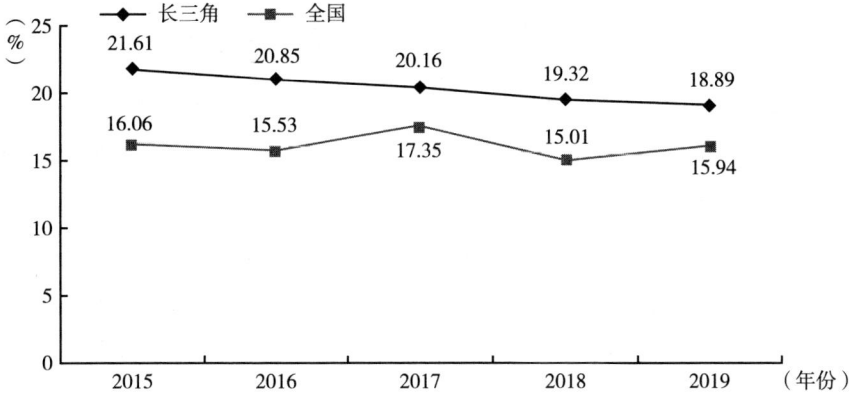

图 16　2015～2019 年长三角区域宏观税负水平变化

省市之间对于各方经济适用政策先进经验的学习和仿照，从而在本地税收政策引导上，无形中对区域内经济发展产生了一定的虹吸效应和挤出效应，产业结构比重呈现了一定的趋同性，比如长三角区域三省一市都欢迎新通信、新能源、新制造企业投资落地。这一产业引导上的趋同性进而表现为税负水平的趋同性。所以长三角区域各省市之间亟须通过财税协调，构建优势互补、资源共享的协调发展机制，抛开行政区划界限，打破地方保护主义，为经济发展提供一种避免恶性竞争、协作共赢的良性竞争环境。

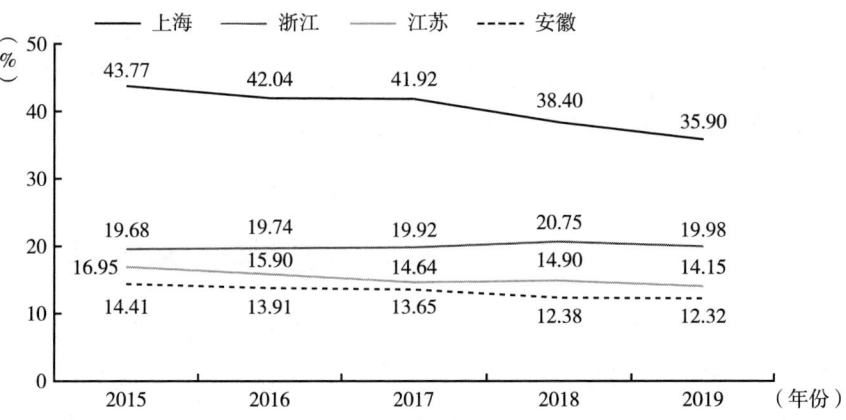

图 17　2015～2019 年长三角区域三省一市宏观税负趋势

（四）长三角区域税收与经济发展相关性分析结论

通过数据分析，长三角区域的税收收入与经济增长都是呈逐年递增的。长三角区域税收收入与经济增长之间存在正相关的关系，符合税收收入与经济增长关系的相关理论。从总量角度看，长三角区域税收收入与经济增长之间存在长期的稳定关系，且存在双向的因果逻辑。从税收弹性和宏观税负角度看，长三角区域的税收弹性波动性较大，税收增长率、宏观税负与经济总量增长的关系不密切，说明经济增长过程中的其他因素比如产业结构、减税降费可能对税收收入的影响更大。

四 2020~2021年长三角区域税收经济发展情况和2021年展望

2020~2021年，全方位推进和更深层次融合成为长三角区域一体化发展的必然选择。长三角区域三省一市在新发展理念的引领下，通过深化改革创新，打破"行政区经济"束缚限制，扩大对内对外开放，强化区域内协调分工，同时将疫情防控与做好"六稳""六保"工作紧密结合起来，构建深度融合的一体化现代经济体系，打造具有国际竞争力的经济一体化发展区域。2020年是高水平全面建成小康社会和"十三五"规划的收官之年。在国家现代化建设大局中，长三角区域将继续肩负起率先发展、一体化发展的历史使命，勇担现代化建设的引领示范旗帜，并成为现代化强国的核心承载区。

（一）2020年疫情影响下的长三角区域税收经济运行状况

2020年以来，面对新冠肺炎疫情带来的严峻考验，长三角区域三省一市统筹推进疫情防控和经济发展两手抓、两促进，全力做好特殊时期"六稳""六保"工作，努力减少疫情造成的经济损失和冲击影响，复工复产复市全面推进，经济社会运行秩序加快恢复，基本民生得到较好保障，经济社会发展大局保持总体稳定。

2020年第一季度疫情对长三角区域经济社会发展产生一定影响,长三角区域GDP增速比去年同期明显回落。从产业看,工业、服务业均受到较大冲击,主要是复工复产延迟带来一定经济损失,对文化旅游、交通运输、餐饮住宿、商贸零售等服务业短期影响较大。从需求看,消费、投资、出口短期内面临较大萎缩。长三角区域外向型经济发达,根据2019年长三角区域三省一市进出口额与经济总量的比值计算外贸依存度可知,浙江、江苏出口依存度较高。目前,海外市场需求萎缩,新增订单减少以及物流交通不畅等因素对外向型经济依赖度高的省份造成的共振影响较大。

根据长三角区域三省一市2020年第一季度经济运行情况①统计,上海第一季度地区生产总值比去年同期下降6.7%。工业、投资、消费、进出口、财政收入等经济指标明显下降。其中,固定资产投资总额下降9.3%,社会消费品零售总额下降20.4%,货物进出口总额下降4.0%,一般公共预算收入下降11.3%;浙江第一季度全省生产总值为13114亿元,同比下降5.6%。固定资产投资同比下降5.2%,社会消费品零售总额为5334亿元,同比下降14.7%,出口4415亿元,下降10.4%,一般公共预算收入为2163亿元,同比下降5.1%。税收收入为1847亿元,下降5.9%。江苏第一季度地区生产总值为21002.8亿元,同比下降5%;安徽第一季度生产总值为7821.3亿元,同比下降6.5%。全省财政收入为1406亿元,同比下降13%。

从主要经济指标增速来看,第一季度疫情对长三角区域三省一市经济增长的短期冲击较为明显。但2020年3月份以来,随着疫情防控阶段性成效进一步巩固,经济运行在冲击中不断体现韧性,长三角区域各省市复工复产、复商复市加快推进,主要经济指标增速明显回升,经济增长恢复呈现良好势头。总体来讲,疫情对长三角区域经济的影响是短期性、阶段性、局部性的,不会改变长三角区域高质量的发展势头。

---

① 资料来源:2020年第一季度上海、浙江、江苏、安徽经济运行情况报告。

（二）2020~2021年长三角一体化新格局助力区域税收经济发展形势向好

1. 多种不确定因素影响长三角区域税收和经济的稳定性

2020~2021年世界经济格局仍处于巨大的发展变化之中。一方面，逆全球化和国际贸易保护主义抬头。由世界主要经济体政治环境、经济形势及国际贸易政策改变引发的不确定性、不稳定性因素正在不断增多。另一方面，新冠肺炎疫情全球蔓延，对全球经济、社会产生了巨大冲击，这或将催生一定程度的经济衰退、系统性风险、全球性供需结构失衡和产业链重构等连锁反应，最终导致国际贸易风险和经济发展挑战升级。两者都将增加长三角区域未来税收增长和经济发展的不确定性。

从税基的角度分析，一方面，2020~2021年长三角区域经济增长预计仍存在较大下行压力。另一方面，国家各项逆周期调节政策如减税降费将通过缩小税基的方式对经济增长产生助力。这两方面最终将决定2020~2021年税收收入的基本走势。从近五年来长三角区域税收收入的发展趋势看，税收收入占GDP的比重就呈逐年下降的趋势。2020~2021年，长三角区域税收收入增速和宏观税负水平将有进一步下降的可能。

2. 区域经济合作和税收征管合作呈现新格局

2019年12月26日，税收支持和服务长三角一体化发展第一次联席会议在上海青浦召开。会上审议通过了《税收支持和服务长三角一体化发展联席会议工作制度》《关于税收支持和服务长三角一体化发展的工作方案》。这标志着税收支持和服务长三角一体化发展国家战略迈出实质性一步，长三角一体化发展进入新时代，长三角区域税收征管合作形成了新的格局。

随着长三角区域一体化发展上升为国家战略，不只是税收征管领域，全方位推进和深度融合成为长三角区域一体化发展的必然选择。长三角区域三省一市积极行动，贯彻落实习近平总书记在2018年5月做出重要指示，要求扎实推动长三角实现更高质量的一体化发展。上海提出要聚焦五个着力点继续发力，深度对接发展规划，加强重大战略和改革协同，提升专题合作质量,深化区域一体化市场建设;江苏提出要谋划重大规划对接区域协同创新、基础设施互联互通、生态环境联防联治、民生工程共建共享等重大举措;浙江提出要深刻把握"上海进一步发挥龙头带动作用,苏浙皖各扬所长"这一要求,全域对接上海,全方位接轨上海,把浙沪合作推向深入;安徽提出要深化与沪苏浙全面合作,加快推动协同相关领域一体化,着力健全省际合作机制、城际协作机制。

长三角区域三省一市在新发展理念的引领下,通过改革创新,打破"行政区划"束缚,扩大对内开放,强化区域分工,构建深度融合的一体化现代经济体系,全面推进长三角区域一体化发展,共同打造具有国际竞争力的经济一体化发展区域。

3. 长三角区域步入高质量发展新阶段

2019年5月,中共中央政治局会议审议通过了《长江三角洲区域一体化发展规划纲要》。一年间,上海、江苏、浙江、安徽三省一市均分别出台行动方案,并细化落实,合力推动一体化发展迈上新台阶。从基础设施到公共服务,从制度创新到协同发展,从环境联防联治到疫情防控,从产业发展到监管协同,从民生工程到生态保护,2020~2021年长三角区域将实现同频奔跑。这其中上海将发挥龙头带动作用,江苏、浙江、安徽各展所长,三省一市在多个领域的一体化推进过程中已经取得明显进展,积极向好因素明显增多,共同推动长三角进入高质量发展新阶段。

一是面对常态化疫情防控,应对全球化发展新挑战。长三角区域三省一市共同认同一体化是重要发展路径,在"纵深"和"全面"上下功夫,将"一体化"和"高质量"紧密联系,大力推动发展规划、基础设施、空间布局、产业发展、环境保护、公共服务、平安建设等一体化,推动发展规划衔接、合力建设共治。根据《长三角区域一体化发展三年行动计划(2018~2020年)》给出的任务书和时间表,长三角区域三省一市目前已在交通能源、科创等12个领域展开合作,通过有效一体化,使长三角区域形成合力,最终目标是实现高质量发展。

二是政府之间良性竞争与横向协作有机结合,实现特色发展、错位发

展、优势互补。长三角一体化要超越局部利益和传统思维,虽不破行政隶属,却能打破行政边界。2020年,沪苏浙皖三省一市共计划实施一体化重大项目1390项①,总投资达7.81万亿元。其中,在建项目955项,总投资5.61万亿元,新开工项目435项,总投资2.20万亿元。这一批长三角一体化发展重大项目开工建设,进一步深化长三角区域工作协同机制,以重大项目谋篇布局、协力建设为突破点,搭建更加务实有效的协作平台,为国家区域联合发展提供"长三角"方案。

三是行政壁垒不断被打破,体制创新陆续实现。2020年1月,三省一市先后举行"两会",四份政府工作报告中共同提到要落实《长江三角洲区域一体化发展规划纲要》(以下简称《纲要》)。目前,沪苏浙皖均已制订了落实《纲要》的省级行动计划。2020年2月,长三角区域三省一市建立疫情联防联控机制,围绕新冠肺炎疫情防控和经济社会发展,明确12项合作事项,并在疫情防控中发挥了重要作用,取得阶段性成效。长三角区域的向心力和辐射力正不断集聚、整合和显现。

四是区域资源要素自由流动形成区域内的专业化分工,进而推动产业布局按照资源要素的各自优势合理配置。从垂直化的产业分工、贸易分工转向水平化的要素分工、价值链分工。三省一市的产业分工协作优势也更加凸显。目前,长三角区域内部的五大城市群各有自身优势,正不断强化区域产业合作和科技成果转化,形成特色鲜明的现代产业集群高地。

(三)促进长三角区域税收和经济协调发展的建议

长三角一体化发展已上升为国家战略,然而要真正实现长三角一体化高质量的发展,在现有成绩的基础上,要进一步深化改革,建立和加强一体化的制度设计和协同机制,为长三角区域的市场机制、税收合作、财政分配、要素流动、数据分享等深层次问题提供制度框架和解决方案,进一步激发市

---

① 曹卢杰:《长三角今年实施一体化重大项目1390项总投资7.81万亿》,《扬子晚报》2020年6月6日,http://js.people.com.cn/n2/2020/0606/c360301-34067589.html。

场活力,推动长三角区域一体化向更高层次发展。

1. 持续优化营商环境,降低企业成本

营造优质营商环境,包括营造宽松平等规范有序的市场环境、廉洁透明便捷高效的行政环境、和谐稳定温馨包容的社会环境、自由便利高效安全的开放环境、公平公正成熟完善的法制环境、集聚充分配置高效的要素环境等,以此减少企业经营的外部性成本问题,吸引全球优质要素进一步向长三角区域集聚。

当前,长三角区域内部营商环境一体化已经进入深水区,要进一步提升能级,还需要结合长三角区域的实际情况,做出更多的努力和探索,厘清营商环境优化的深层次问题,由现有合作向建立规则统一的制度体系转变,真正实现区域内便利化、国际化、法治化、市场化的营商环境。

2. 全面推进区域财税机制一体化

当前,长三角区域三省一市政府已把全面融入长三角一体化发展作为首位战略,积极探索和推动更深层次、更广领域对接区域顶层规划体系。长三角一体化以往长时间停留在战略构想层面的议题,如今一系列纵横联动的整体设计与统筹谋划表明,长三角一体化已加速进入现实操作层面和实质性推进阶段。这一过程中,要认清财税政策在优化长三角区域营商环境及一体化发展中的引领作用。形成税收合计、财政分配的协调机制,加强政策协同,在国家政策允许的范围之内,试点财税政策改革,优化税收结构,统一区域内减税降费标准。与此同时,构建长三角区域税收征管和合作机制至关重要[①]。一是可以相互协同各类税收政策的执行口径。注重税收政策沟通和征管协作,建立统一的税收管理和服务标准,实施统一的税收政策措施。二是可以协调三省一市的税收利益争议问题。尤其是协调在招商引资、产业转移、科技成果转化、人才发展战略实施过程中的涉税争议,聚合资源,相互支持。三是促进三省一市常态化数据信息交换机制,加强协查合作,充分发挥跨区域税收大数据"黏合剂"的作用,做好区域税收大数据融合开放,

---

① 韩曙:《建立长三角一体化的税收合作机制》,《中国税务报》2019年10月30日。

共同提高税收管理水平和提升纳税服务能效。

3. 构建均衡的要素流动收益共享机制和成本分担机制

一个区域的经济能否发展起来,取决于多重要素,其中最基本的要素就是生产要素,即劳动力、资本和技术。市场化下的要素流动与产业分工以及政府的制度安排与政策协调是长三角一体化发展的重要内容。长三角区域要构建均衡的要素流动收益共享和成本分担机制,这类机制要基于公共服务均等化引导全要素公平合理流动。首先,在税收优惠政策方面,要突破各种要素的流动障碍,公平对待要素,鼓励要素优化配置,防止地区之间不正常的税收竞争。其次,在长三角区域要建立一个横向转移支付制度。通过不断完善省际园区共建、异地孵化、飞地经济、跨区域投资等合作模式,研究制定区域之间协调一致、无差异的要素流动利益分享机制的适用标准。最后,建立对迁出地区和迁入地区双方有利且为要素本身发展有益的三方共赢机制。三方共赢的要素流动收益共享和成本分担机制将找准各方利益的契合点,实现各地产业和财政政策的均等化、协调性,在更大范围内实现长三角一体化的利益共享。

省域篇
Provincial Reports

B.4
2019~2020年山西税收发展报告

王久瑾 王江霞 任 斌*

摘 要： 2019年，面对复杂多变的经济环境和繁重艰巨的组织收入任务，山西坚持"为国聚财、为民收税"，税收收入实现量稳质优，总体来看，税收与经济运行、政策调整相适应，与经济发展的协调性进一步增强。2020年以来，全省税务部门按照落实"六稳""六保"要求，认真落实国家和省出台的支持疫情防控与经济社会发展各项税费优惠政策，支持企业复工复产。与中部其他省份相比，山西在产业结构、转型升级等方面还存在问题和不足，新旧动能转换仍需进一步加力，部分重点行业、地方税种比重偏低。山西应充分发挥税收职能作用，提供高质量转型发展财力保障；认真落实税收优惠政策，全力帮

---

* 王久瑾，国家税务总局山西省税务局科研所研究员，主要研究方向为税收政策理论与实践、税收经济；王江霞，国家税务总局山西省税务局经济分析处副处长，主要研究方向为税收与经济关系、税收经济；任斌，国家税务总局山西省税务局收入规划核算处副处长，主要研究方向为税收经济数量分析。

税收蓝皮书

助企业纾困解难;加强税收共治,精准监管提质增效。

关键词: 区域经济 税收 山西

山西地处我国中部,是全国重要的煤炭主产地和重工业基地,也是连接京津冀和中国大西北的重要枢纽。2019年以来,面对国内外风险挑战明显上升的复杂局面,山西坚持以供给侧结构性改革为主线,按照"四为四高两同步"的总体思路和要求,全面做好"六稳"工作,坚定不移地走好高质量转型发展之路,全省经济稳中向好的态势继续稳固,转型发展取得了明显进展。在经济发展的强力支撑下,税收亮点不断显现,"含金量""含新量""含绿量"明显增加,但与中部其他省份相比,经济税收发展中还存在问题和不足,有待于进一步改进。

一 2019年山西经济运行状况

2019年以来,山西加速新旧动能转换,新兴产业快速发展,传统产业改造步伐加快,工业结构反转呈现良好态势。高技术产业增加值、战略性新兴产业增速快于规模以上工业,制造业、非煤工业增速快于煤炭工业,经济运行呈良好态势。

(一)经济运行稳步推进,增速快于全国

1. 经济增长稳定性增强

2019年,全省地区生产总值为17026.68亿元,按可比价格计算,比上年增长6.2%;其中,第一产业增加值为824.72亿元,同比增长2.1%;第二产业增加值为7453.09亿元,同比增长5.7%;第三产业增加值为8748.87亿元,同比增长7.0%(见表1)。全省GDP增速快于全国0.1个

百分点，2017年以来，连续12个季度均保持在6%以上合理区间，并且连续三年超过全国。

表1　2019年山西省地区生产总值情况

单位：亿元，%

指标	2019年	比上年增长
地区生产总值	17026.68	6.2
第一产业	824.72	2.1
第二产业	7453.09	5.7
第三产业	8748.87	7.0

注：绝对量按现价计算，增长速度按不变价计算。

2. 需求持续发力

2019年，全省固定资产投资增长9.3%，为2016年以来最高增速，快于全国3.9个百分点。社会消费品零售总额为7909.2亿元，增长7.8%，超过全年目标0.3个百分点。进出口总额在前三季度由负转正后，增速持续加快；全年进出口总额为1446.9亿元，增长5.7%，快于全国2.3个百分点。

3. 财政金融运行稳定

2019年，全省一般公共预算收入为2347.6亿元，增长2.4%，在大规模减税降费情况下，完成备案预算收入。12月末，金融机构本外币各项存贷款余额稳定增加，分别较年初增加3029亿元、2752.4亿元。

4. 市场供求总体稳定

2019年，全省居民消费价格比上年上涨2.7%。分八大类价格看，食品烟酒类价格上涨6.3%，衣着类上涨1.1%，居住类上涨1.7%，生活用品及服务类上涨0.4%，交通和通信类下降1.3%，教育文化和娱乐类上涨2.9%，医疗保健类上涨1.8%，其他用品和服务类上涨2.5%。从月度看，受猪肉价格上涨影响，10月、11月、12月当月涨幅均超过3%，但全年涨幅仍控制在3%的预期目标之内，总体保持稳定。

（二）转型发展动力强劲，新兴产业增速明显

1. 服务业保持支撑引领作用

2019年全省服务业（第三产业）增加值增长7%，快于第二产业1.3个百分点，第三产业的增幅、占比、总量全部超过了第二产业；服务业对GDP增长的贡献率为59.8%，高于第二产业21.5个百分点，继续发挥经济增长的引领支撑作用。

2. 非煤工业特别是制造业引领工业增长

2019年，全省规模以上工业增加值同比增长5.3%，比上年快1.2个百分点。其中，煤炭工业同比增长4.1%；非煤工业同比增长6.5%（制造业增长7.0%），对全省工业增长的贡献率达到61.2%，超过煤炭工业22.4个百分点。山西"一煤独大"资源型产业实现"结构性反转"。

3. 工业新动能较快成长

2019年，全省装备制造业增加值同比增长7.2%，较规上工业快1.9个百分点；其中，新能源装备制造业同比增长18.6%，汽车制造业同比增长16.9%（其中，新能源汽车产业同比增长61.6%）。高技术制造业和工业战略性新兴产业较快增长，分别同比增长5.9%、7.4%。部分工业新产品产量高速增长，新能源汽车产量增长31.9%，光伏电池增长41.2%。

4. 工业技改、基础设施和高技术产业投资保持快速增长

2019年，全省工业技改投资同比增长20.9%，基础设施投资同比增长13.9%，高技术产业投资同比增长15.7%，均明显快于全省投资增速。

5. 消费升级势头明显，高端智能类、升级类消费快速增长

2019年，全省限额以上消费品零售额中，智能家电和音响器材增长18.2%；智能手机增长25.2%；新能源汽车增长1.1倍。全省通信器材类、中西医药品类和家用电器音像器材类消费分别增长11.2%、9.6%和7.2%。新业态新模式不断拓展，全省限额以上网络零售额比上年增长25.2%。旅游消费持续活跃。全省旅游总收入为8026.9亿元，同比增长19.3%。

（三）高质量发展持续显现，向好态势基本形成

1. 质量效益继续改善

2019年，全省规模以上工业企业资产负债率为71.52%，同比下降0.78个百分点；每百元营业收入中的成本为81.1元，比全国平均水平低3.1元；企业营业收入为19093.1亿元，同比增长5.5%，高于全国1.1个百分点。

2. 民生支出较快增长

2019年，全省一般公共预算支出为4713.1亿元，增长10.0%。其中，教育、社会保障和就业、医疗卫生等13项民生支出合计占全省一般公共预算支出的81.1%，同比增长12.4%。

3. 城乡居民收入稳步增加

2019年，全省城镇居民人均可支配收入为33262元，同比增长7.2%，增速较上年增长0.7个百分点；农村居民人均可支配收入为12902元，增长9.8%，加快0.9个百分点（见表2）。

表2　2019年山西主要经济指标完成情况

指标	12月	同比增长率(%)	1~12月累计	同比增长率(%)
一、地区生产总值(亿元)	—	—	17026.68	6.2
第一产业(亿元)	—	—	824.72	2.1
第二产业(亿元)	—	—	7453.09	5.7
第三产业(亿元)	—	—	8748.87	7.0
二、规模以上工业增加值(亿元)	—	2.8	—	5.3
主要工业产品产量	—	—	—	—
原煤(万吨)	7828	0.4	97109	6.1
焦炭(万吨)	793	-3.9	9700	2.8
新能源汽车(辆)	2320	-47.2	57764	31.9
光伏电池(万千瓦)	50.2	26.2	484.2	41.2
发电量(亿千瓦时)	314	1.6	3229	3.6
全社会用电量(亿千瓦时)	216.0	2.3	2261.9	4.7
工业用电量(亿千瓦时)	165.4	0.1	1722.8	3.3

续表

指标	12月	同比增长率(%)	1～12月累计	同比增长率(%)
铁路货运量(太原铁路局)(万吨)	6924.7	23.4	74062.4	10.2
公路货运量(营业性车辆)(万吨)	8669.2	-15.0	127960.6	1.4
三、一般公共预算收入(亿元)	147.2	-19.6	2347.6	2.4
一般公共预算支出(亿元)	569.2	-2.3	4713.1	10.0
四、固定资产投资(亿元)	—	—	—	9.3
第一产业(亿元)	—	—	—	16.3
第二产业(亿元)	—	—	—	5.3
第三产业(亿元)	—	—	—	11.4
房地产开发(亿元)	—	—	—	20.3
五、社会消费品零售总额(亿元)	728.3	9.0	7909.2	7.8
六、旅游总收入(亿元)	325.0	16.9	8026.9	19.3
七、进出口总额(亿元)	134.9	34.6	1446.9	5.7
出口总额(亿元)	70.2	9.2	806.9	-0.4
进口总额(亿元)	64.7	79.9	640.0	14.6
八、金融机构各项存款余额(亿元)	38381.4	3029.0	—	—
金融机构各项贷款余额(亿元)	28119.4	2752.4	—	—
九、城镇居民人均可支配收入(元)	—	—	33262	7.2
农村居民人均可支配收入(元)	—	—	12902	9.8
十、居民消费价格指数(上年=100)	103.8	3.8	102.7	2.7
工业生产者出厂价格指数(上年=100)	96.9	-3.1	99.7	-0.3

注：1. GDP及三次产业数据来源于第四次全国经济普查对2018年数据修订基础上的初步核算结果。
2. 贷款余额对比速度系比年初增减绝对额。

4. 就业超额完成全年目标

2019年全省城镇新增就业54.8万人，完成全年目标的119.1%；农村劳动力转移就业40.2万人，完成全年目标的121.9%。12月末，城镇登记失业率为2.7%。

二 2019年山西税收运行状况

2019年，面对复杂多变的经济环境和繁重艰巨的组织收入任务，山西税务坚持"为国聚财、为民收税",税收收入实现量稳质优,与经济发展的协调性进一步增强,为全省高质量转型发展提供了坚实的财力保障。

(一)2019年税收收入基本情况

2019年,全省税务系统各项收入完成3680.61亿元,同比增长8.3%,增收280.38亿元。其中,税收收入完成3113.82亿元,同比增长7.8%,增收225.18亿元。从全国排名来看,税收收入规模排名居全国第19位,中部六省末位;税收收入增速高出全国平均水平5.7个百分点(全国增长2.1%),排名居全国第二位(内蒙古排首位,同比增长8.8%)。

分级次分析,中央级税收收入完成1338亿元,同比增长6.8%,增收85.6亿元;地方级税收收入完成1775.8亿元,同比增长8.5%,增收139.55亿元。地方级收入中,省级税收收入完成550.06亿元,同比增长10.2%,增收50.88亿元。

分税种分析,增值税完成1445.4亿元,同比增长3.9%,增收54.49亿元;消费税完成86.73亿元,同比增长26.2%,增收18.03亿元;企业所得税完成651.22亿元,同比增长20.7%,增收111.56亿元;个人所得税完成91.9亿元,同比下降34.1%,减收47.65亿元;资源税完成383.03亿元(其中,煤炭资源税完成330.55亿元,水资源税完成38.62亿元),同比增长17.8%,增收57.87亿元;城市维护建设税完成77.97亿元,同比下降2.4%,减收1.89亿元;车辆购置税完成80.48亿元,同比增长3.2%,增收2.51亿元;环境保护税完成14.18亿元,同比增长25.5%,增收2.88亿元。城镇土地使用税、印花税、土地增值税等其余9个税种合计完成282.89亿元,同比增长10.7%,增收27.38亿元。

2019年,全省一般公共预算收入完成2347.6亿元,同比增长2.4%,其中,税务部门完成1869.32亿元(税收1775.82亿元和非税93.5亿元),同比增长8.2%,占一般公共预算收入的比重为79.6%。

（二）税收与经济发展相关性分析

1. 税收总量增加，与经济发展的协调性进一步增强

从税收规模看，2019年，全省税收收入完成3113.82亿元，税收规模跨入3000亿门槛。近年来，随着全省经济运行低位企稳，稳中向好态势不断巩固，税收规模逐年稳定增长。2016~2019年，全省税收收入分别完成1788.51亿元、2475.58亿元、2888.64亿元、3113.82亿元，四年连上两个千亿级台阶（见图1）。

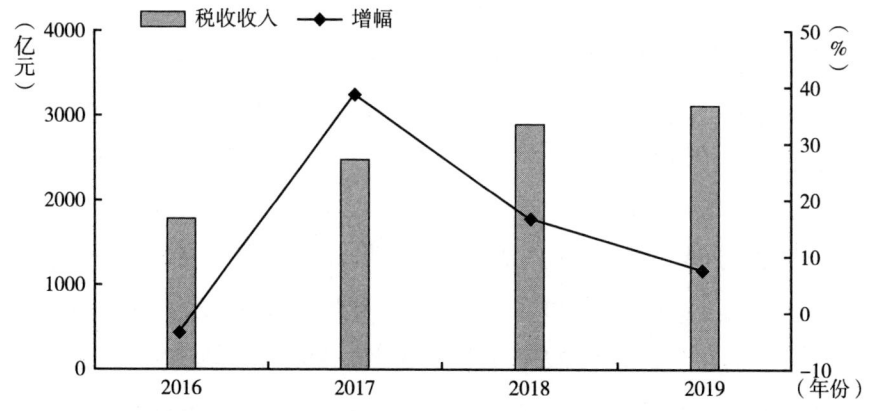

图1　2016~2019年山西省税收收入完成情况

从税收增速看，在大规模减税降费政策实施等因素影响下，2017~2019年，全省税收收入增速从2017年的38.42%，逐年回落至2018年的16.69%、2019年的7.8%。2019年，全省税收增速呈现高开低走逐月平稳回落态势，全年各月累计增速分别为29.8%、24.1%、23.2%、23.0%、18.3%、12.9%、9.7%、8.2%、6.8%、7.5%、8.0%、7.8%（见图2）。税收与GDP增速之比降至1.24∶1（按GDP预计数计算），税基础更加夯实，增长逐步回归合理区间。总体来看，税收与经济运行、政策调整相适应，与经济发展的协调性进一步增强。

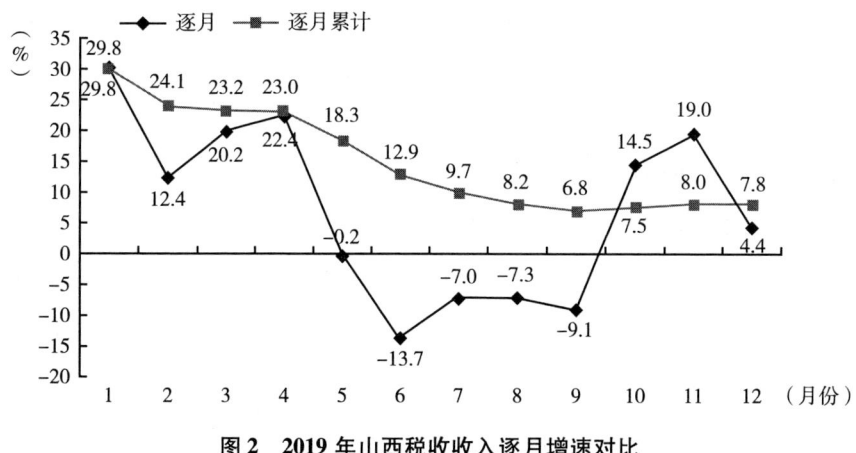

图 2　2019 年山西税收收入逐月增速对比

2. 经济运行平稳，有效支撑税收增长

2019 年，全省工业新动能、新产业实现较快增长，装备制造业增加值增长 7.2%，消费品工业增加值增长 11.5%，规模以上工业增加值增长 5.3%。从税收看，全省工业税收完成 1782.62 亿元，同比增长 8.1%，增收 134.26 亿元，增收贡献率为 59.6%，拉动税收增长 4.65 个百分点。

2019 年，全省固定资产投资增长 9.3%，同比增长 3.6 个百分点，其中，基础设施投资增长 13.9%；房地产开发投资增长 20.3%。从税收看，与之相关的建筑业、房地产业税收分别完成 167.06 亿元、281.03 亿元，同比分别增长 6.8%、11.3%，两行业合计增收 39.13 亿元，其中房地产业税收增速快于全部税收 3.52 个百分点。

2019 年，全省社会消费品零售总额同比增长 7.8%，与全国平均水平差距同比缩小 0.8 个百分点。从税收看，与消费密切相关的批发零售、住宿餐饮等传统服务业，租赁商务服务、文体娱乐等新兴服务业税收合计完成 396.71 亿元，同比增长 5.0%，增收 18.82 亿元。

3. 结构优化，税收"含金量"稳步增加

产业转型成效明显。2019 年，山西第二、三产业税收之比为 62.61∶37.39，与煤炭"黄金十年"中的 2011 年相比较，二产税收比重降低 5.9 个百分点，三产税收比重上升 8.0 个百分点，产业结构进一步趋向合理。一是行业

税收格局优化。2019年,煤炭行业税收完成1252.47亿元,同比增长9.6%,占全部税收的40.2%;非煤行业税收完成1861.35亿元,同比增长6.6%,占全部税收的59.8%。非煤行业税收占比近六成,对税收增收贡献率为51.14%,成为拉动全省税收增长的重要动力,煤与非煤共同增长的发展态势进一步巩固。二是经营质效提升。2019年,山西规模以上工业企业每百元主营业务收入中的成本比全国平均水平低3.1元,资产负债率同比降低0.78个百分点。与此相适应,企业所得税完成651.22亿元,同比增长20.7%,增收111.56亿元,占全部税收增收额的49.5%。

4. 创新驱动,税收"含新量"大幅提高

非传统行业税收引领支撑作用明显。2019年,除"煤、焦、冶、电"四大传统行业外,全省非传统行业税收完成1606.16亿元,占全部税收的51.6%,高于传统行业3.2个百分点;增长速度8.7%,快于传统行业1.88个百分点;对税收增长贡献率为57.2%,高于传统行业14.3个百分点,税收结构不断优化,非传统行业对税收增长起到较好的引领支撑作用。同时,部分新兴行业税收快速增长,尤其是以现代服务业和高技术制造业为代表的新兴行业税收实现较快增长。其中,太阳能、风力、生物质能发电等新能源发电税收完成9.07亿元,同比增长31.2%,快于全部税收23.4个百分点;医药制造、化学原料和化学制品制造业、电气机械和器材制造等高技术制造业税收完成49.6亿元,同比增长11.9%,快于全部税收4.09个百分点;租赁和商务服务、科学研究和技术服务、水利环境和公共设施管理等现代服务业税收完成82.06亿元,同比增长13.8%,快于全部税收6.01个百分点。新兴行业成为税收发展新的增长点,成为推动全省经济高质量发展的新引擎。

5. 税改发力,税收"含绿量"明显提升

绿色税制作用显现。2019年,山西税务部门征收环境保护税14.17亿元,同比增长25.5%,征收水资源税38.62亿元,同比增长35.7%。排污企业环保设施投入力度不断加大。2019年,税务部门监控的50户能源消费大户,用于环保项目支出资金近千亿元,税收正向引导作用成效显著。税收营商环境持续优化。2019年，山西落实各项税收优惠政策670.13亿元，同比增长35.0%，落实减税降费，新增减税368.74亿元。税收营商环境进一步改善，成为山西转型发展的助推器。

三 从中部六省对比看山西经济税收发展中存在的问题

近年来，随着供给侧结构性改革不断深入，在煤炭、冶金、焦炭等工业品价格大幅上涨的带动下，山西经济税收实现较快增长，但仍存在经济税收总量偏小、结构性矛盾突出、先进制造业发展慢、服务业发展相对滞后等问题。

（一）经济税收总量偏小，宏观税负偏高

2019年，山西地区生产总值完成1.70万亿元，同期湖北完成4.58亿元、河南完成5.43亿元、安徽完成3.71亿元、湖南完成3.98亿元、江西完成2.48亿元，山西的GDP规模为中部地区最小，仅为河南的31.3%，为江西的68.6%。从税收收入来看，2019年山西完成税收3113.82亿元，税收规模仅为湖北的59.4%、河南的58.0%、安徽的68.5%、湖南的73.9%、江西的90.4%。经济与税收规模都有待于扩大。从宏观税负来分析，2019年，山西宏观税负为18.3%，即每百元GDP实现税收收入18.5元，而湖北、河南、安徽、湖南、江西分别为11.4%、9.9%、12.2%、10.6%、13.9%。2016年以来，山西宏观税负持续走高，最高的2019年（18.3%）比最低的2016年（13.9%）上升4.4个百分点。山西作为经济欠发达省份，无论是从经济发展水平，还是从经济结构的整合效益来看，客观上的负税能力不宜高于周边地区。而较高的税收负担，会削弱企业发展后劲，影响经济的发展，导致后续税源的不足。

（二）经济税收结构性矛盾仍然突出，产业结构需不断优化

从中部六省榜首行业税收占本省税收比重来看，2019年，山西煤炭行

业的占比为40.22%，河南房地产业的占比为21.92%，安徽房地产业的占比为21.47%，江西房地产业的占比为19.68%，湖南房地产业的占比为19.73%，湖北房地产业的占比为18.99%，山西榜首行业税收占比高于其他五省的榜首行业。由于税收对传统产业，特别是对煤炭的依赖性强，且煤炭企业多为国有或国有控股企业，相应山西外资经济占比低、增值税比重大等特征也较明显。

（三）先进制造业发展有待提速，新动能需加快培育

先进制造业税收规模小、占比低，税收贡献有限。2019年，山西通信和其他电子设备制造业、计算机、仪器仪表制造业、电气机械和器材制造业以及铁路、船舶、航空航天和其他交通运输设备制造业等先进制造业税收合计完成103.54亿元，占全部税收的比重为3.33%，低于河南（6.45%）、安徽（11.34%）、江西（7.65%）、湖南（8.2%）、湖北（10.26%）。同时，科技创新驱动不足。2019年，山西新增高新技术企业1224户，为中部六省均值（2191户）的55.86%；享受鼓励高新技术企业发展减免税64.11亿元，享受减税规模比中部六省均值（113.51亿元）低49.40亿元。

（四）服务业发展相对滞后，消费拉动作用不强

近年来，山西服务业发展成效明显，但与中部其他五省相比还有一定的差距，发展还是相对滞后。2019年，山西服务业增加值完成8748.87亿元，分别为河南的33.63%、安徽的46.39%、江西的74.39%、湖南的41.35%、湖北的38.17%；服务业税收占全部税收的比重为37.29%，全国均值为62.74%，山西低于全国均值25.45个百分点，低于中部六省均值18.29个百分点。从社会消费品零售总额来看，2019年，山西为7909.2亿元，低于河南（22733.02亿元）、安徽（13377.7亿元）、江西（8421.6亿元）、湖南（17239.5亿元）、湖北（20224.23亿元），与中部其他五省相比，消费对经济拉动作用不强，有效消费需求明显不足。

四 2020年山西税收经济运行状况

2020年,突如其来的新冠肺炎疫情对经济税源、税收收入均带来较大冲击,全省经济工作更需坚持稳中求进工作总基调,按照"四为四高两同步"的总体思路和要求,坚持新发展理念,坚持以供给侧结构性改革为主线,全面做好"六稳"工作,统筹推进稳增长、促改革、调结构、惠民生、防风险、保稳定,促进全省经济平稳运行并向高质量方向持续迈进,确保全面建成小康社会和"十三五"规划圆满收官。

(一)2020年山西税收经济形势分析

2020年,山西经济运行面临的风险和挑战较多,加之减税降费政策翘尾、跨期结转税款同比大幅减少等减收因素影响,税收增长面临较大的困难和压力。从经济运行看,1~5月,山西主要经济指标累计降幅持续收窄,工业、投资、消费均呈现出积极变化,全省经济保持逐月回升向好态势。但是,经济形势依然异常复杂。从国际国内形势看,随着我国疫情防控形势持续向好,经济运行稳步复苏,积极因素正不断积累,有力助推山西经济加快恢复。但是,世界疫情持续蔓延,美国持续干涉挑衅,全球商品贸易量同比下降,国际产业链供应链不稳定风险加大,促进经济高质量发展将面临全新的挑战。从全省经济形势看,发展不平衡、不充分问题依然突出。当前,工业生产经营依然困难,电力、有色、化工、食品、汽车制造业等行业持续低迷,全省全社会用电量下降4.1%,新能源汽车产量下降92.7%,工业用电量下降6.8%,铁路货运量下降9.2%。同时,原煤、焦炭等主要产品量价齐跌,工业企业利润下降,影响工业稳步回升。全省企业预期仍不乐观,工业出厂价格持续下行,PPI同比下降3.8%,降幅较第一季度扩大1.6个百分点;服务业恢复增长步伐较慢,社会消费品零售总额降幅仍高于全国。

上半年,全省税收收入降幅虽渐趋收窄,但增长基础还不牢固,主要税种、行业税收仍处于负增长区间,组织收入形势依然复杂严峻。此外,为应对疫情冲击，今年国家和山西先后出台了一系列支持疫情防控与经济社会发展税费优惠政策，下半年，随着新政落实减税效应进一步显现，收入压力进一步加大。综合各方面影响因素，结合增值税发票等税收大数据线性拟合税收趋势计算结果得出下半年全省税收收入将逐步止跌回升，实现正增长，全年税收收入预计下降7.8%左右。①

（二）2020年上半年山西区域税收发展情况

1. 税收收入总体情况

2020年上半年，山西税务系统各项收入累计完成1764.15亿元，同比下降16.91%，减收359.12亿元。其中，税收收入完成1515.59亿元，同比下降20.89%，减收400.26亿元。从收入级次看，中央级税收收入完成668.12亿元，减收182.13亿元，同比下降21.42%；地方级税收收入完成847.47亿元，减收218.11亿元，同比下降20.47%，其中省级税收收入完成261.78亿元，减收75.17亿元，同比下降22.31%。从收入进度看，税收收入完成年初目标（3237亿元）的46.82%，落后序时进度3.18个百分点。其中，中央级税收收入完成年初目标（1390亿元）的48.07%，落后序时进度1.93个百分点；地方级税收收入完成年初目标（1847亿元）的45.88%，落后序时进度4.12个百分点。如按税务总局6月中旬调整后的税收收入目标计算，上半年，全口径税收收入和地方级进度分别完成54.28%和53.03%，均实现了"双过半"。

上半年，山西一般公共预算收入完成1213.9亿元，同比下降12.9%。其中，税务部门完成886.62亿元（税收847.47亿元、非税39.15亿元），同比下降20.6%，占一般公共预算收入的比重为73.04%，比上年同期下降7.81个百分点。

2. 区域税收发展特点分析

2020年上半年，全省税收收入运行既有积极变化，也面临问题和困难。

---

① 本报告完成时间为2020年10月，故2020年山西全省税收收入使用大数据线性拟合计算得出，2020年山西税收收入实际为2836.05亿元，同比下降8.9%。

(1) 税收收入低位运行,增速回升加快

"低位运行"主要体现在税收规模和排名上。从税收规模来看,上半年,全省税收收入完成1515.59亿元,税收规模为近三年内同期最低水平。从税收排名来看,上半年,山西税收收入增速排名全国第28位(比上月前进1位),比全国平均水平(-11.3%)低9.59个百分点。"回升加快"主要体现在税收增速变化上。上半年各月依次为-25.2%、-30.8%、-17.7%、-30.8%、-14.2%、2.6%,其中,二季度的税收回升势头明显加快,并在6月份实现了2020年以来首次当月正增长;从累计税收看,上半年税收累计降幅比1~5月份(-24.3%)收窄3.5个百分点,比第一季度(-24.8%)收窄3.91个百分点。这与二季度以来全省经济增速止跌回升(二季度GDP增长1.7%,较第一季度回升6.3个百分点)、工业生产企稳向好(规上工业增加值上半年-0.3%,从3月份起当月增速连续4个月保持正增长)的总体运行趋势基本一致。

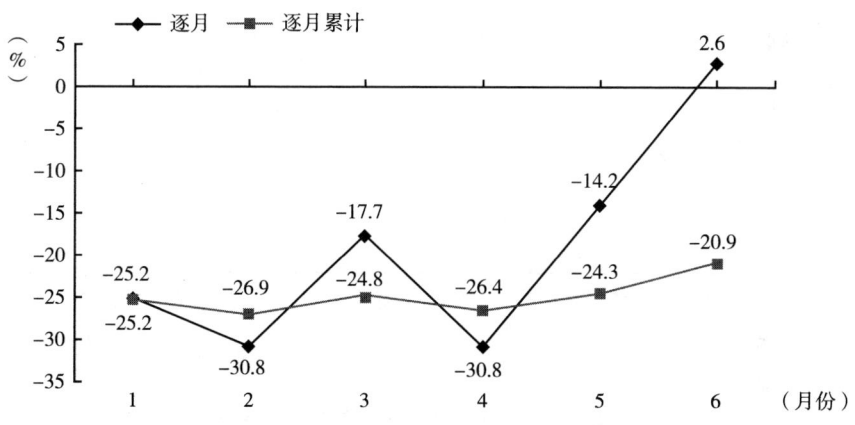

图3 2020年上半年山西税收收入逐月增速对比情况

(2) 多数税种收入仍处于下降区间,主要税种降幅明显收窄

2019年上半年,全部17个税种收入2个增长15个下降,仅耕地占用税、车船税增长。其中,增值税、企业所得税、资源税、个人所得税分别下降25.0%、21.2%、17.3%、11.2%;城镇土地使用税(-26.5%)、土地

增值税（-26.37%）、城市维护建设税（-21.2%）、契税（-16.06%）、房产税（-9.64%）等地方税种收入也不同程度下降；耕地占用税和车船税表现相对较好，分别增长69.96%和11.17%。从减收额看，增值税、企业所得税、资源税减收额较大，三税合计减收355.74亿元，占全部税收减收额的88.87%。

2019年上半年，各税种收入虽普遍下降，但与1~5月份相比，降幅收窄明显。其中，个人所得税降幅收窄4.71个百分点，增值税降幅收窄3.75个百分点，企业所得税降幅收窄3.66个百分点；地方税种中，房产税降幅收窄21.2个百分点，契税降幅收窄8.13个百分点，城市维护建设税降幅收窄2.59个百分点，土地增值税降幅收窄2.02个百分点，资源税收入降幅小幅收窄0.2个百分点，但比第一季度收窄5.21个百分点（见图4）。

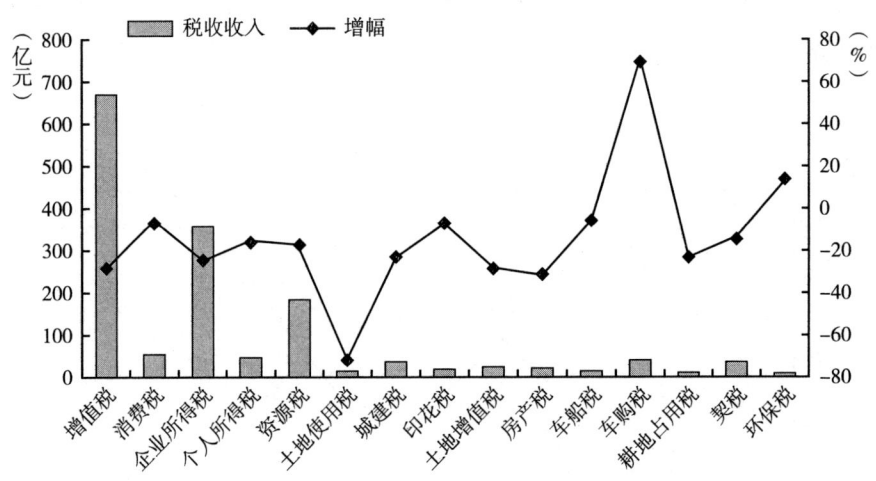

图4　2020年上半年山西税收收入分税种完成情况

（3）传统工业、消费型服务业税收回升较慢，新兴行业税收表现相对较好

2019年上半年，山西第二产业完成税收945.70亿元，同比下降23.47%；第三产业完成税收568.57亿元，同比下降16.19%。煤、焦、冶、电四大传统行业完成税收695.94亿元，同比下降28.01%，增速比非传统

行业税收低14.37个百分点；服务业中，房地产业、零售业、住宿餐饮业、文体娱乐业、居民服务业等行业受疫情影响较大，合计完成税收171.79亿元，同比下降23.13%，增速比服务业税收低6.94个百分点。

2019年上半年，全省新兴产业和高科技产品不断发力，新动能增势良好，风力发电机组增长32.2%，高技术制造业增长4.3%，通信设备制造业增长7.4%。受此影响，新兴行业税收表现相对较好。其中，风力、太阳能、生物质能发电等新能源发电税收完成7.19亿元，同比增长13.77%，增速比电力生产行业税收高26.33个百分点。医药制造业、计算机通信和其他电子设备制造业完成税收31.52亿元，同比增长43.14%，增速比制造业税收高63.83个百分点。在线消费、智能配送、数字文化娱乐、医疗健康等新业态新模式展示出巨大的市场潜力，带动互联网服务业税收加快发展，其中软件和信息技术服务业完成税收4.97亿元，同比增长4.61%，增速比服务业税收高20.8个百分点。

（4）减收因素增多，影响税收的增长

首先，非即期收入大幅减少。上半年，全省入库非即期税款99.8亿元，与去年同期相比减少166.2亿元。其次，落实减税降费政策减税。一是受增值税改革等政策翘尾影响，上半年全省减税约93亿元；二是落实2020年国家新出台的减税政策，上半年新增减税4.4亿元；三是落实山西出台的下调城镇土地使用税税额标准等减税政策，新增减税1.9亿元。最后，部分运输企业暂停预缴增值税。交通运输行业受疫情影响较大，为支持其发展，2020年3~6月，实行增值税汇总纳税的铁路和航空运输企业分支机构，暂停预缴增值税，上半年此政策影响增值税约5.5亿元。剔除这三个因素，上半年山西全省税收仍减收129.24亿元，占税收减收额的32.29%，下拉全省税收6.75个百分点，主要原因是新冠肺炎疫情影响收入下降。

（三）上半年落实减税降费政策服务全省"六稳""六保"情况

2020年以来，全省税务部门按照落实"六稳""六保"要求，认真落实国家和山西出台的支持疫情防控与经济社会发展各项税费优惠政策，全力

支持企业复工复产,帮助企业纾困解难。上半年,山西累计新增减税降费99.8亿元,其中新增地方级减税降费54.47亿元,落实2020年国家出台的支持疫情防控和经济社会发展税费优惠政策新增减税降费7.21亿元。

1. 加大税收政策扶持力度

疫情发生以来,国家先后出台一系列支持疫情防控和经济社会发展税费优惠政策。在此基础上,山西出台了调低房地产企业销售未完工开发产品计税毛利率、下调城镇土地使用税税额标准、减免出租方房产税和城镇土地使用税等3项税收政策,以及调整城镇土地使用税纳税期限、依法办理延期申报和延期缴纳税款、简化企业涉税事项办理程序等多项措施,有力地支持了企业复工复产和抗击疫情。全省受理核准延期申报申请313户,为567户次纳税人依法办理了延期缴纳税款,缓缴税款28.1亿元;为出口企业办理出口退税13.34亿元。

2. 加强税收政策宣传辅导

全省税务部门通过新闻媒体、微信公众号、税务网站等渠道,组织开展了微播报、纳税人学堂在线直播、税企"云桥"对话等形式多样的政策宣传讲解活动,并梳理发布了《支持疫情防控和经济社会发展税费政策措施汇编》,确保支持疫情防控和经济社会发展税费优惠政策落实到位。

3. 持续优化税收营商环境

按照"尽可能网上办"的原则,税务部门通过电子税务局、微信、电子邮件等方式为纳税人、缴费人提供210项线上服务;开通山西省电子税务局手机App,可以办理税款缴纳、纳税申报等58项常用业务。疫情期间,为纳税人提供网上申领邮寄发票服务范围由纳税信用级别为A、B级的纳税人扩大至全部纳税人,上半年,为4.08万户纳税人提供了发票寄递服务,邮寄配送发票346.89万份。将符合条件的新办企业首次办税时申领增值税发票时间压缩至半个工作日,简化了开办程序。进一步深化"银税互动",与24家银行合作的"银税互动"系列产品,截至5月底共为小微企业和民营企业发放贷款132亿元。

4. 积极助力稳就业和扶贫攻坚

小微企业和个体户是就业的主力军，税收优惠政策的落实联系就业、关系民生。上半年，通过减免出租方房产税和土地使用税，惠及1万余户个体工商户获减租金1.3亿元；对就业创业人员税收扣减标准全部顶格执行，为31.38万户次纳税人减免各项税费5.7亿元，让全省就业创业人员最大化享受政策红利。同时，税务部门积极发挥税收职能作用，助力扶贫攻坚，上半年，落实支持脱贫攻坚税收优惠政策共减免各项税费42.08亿元，涉及纳税人79.75万户次。

5. 加强数据分析，服务企业复工复产

运用税收大数据，深入分析经济运行动态，细致梳理和分析产业链、上下游需要解决的问题，精准破解难题，对症解决困难，客观反映企业复工复产情况，为企业复工复产添薪续力。利用税收大数据匹配供需，服务企业复工复产，截至2020年6月底，已开票成交项目145户，涉及金额8.17亿元；签订正式合同或协议（未开票）成交项目47户，涉及金额2.21亿元。

五 促进2021年山西税收经济发展的对策建议

2021年是山西"十四五"转型出雏形的开局之年，全省税收经济工作要立足新发展阶段，贯彻新发展理念，全面打造一流创新生态，加快构建现代产业体系，持续提高制度型开放水平，在转型发展上率先蹚出一条新路来，努力实现高质量高速度发展，确保"十四五"转型出雏形开好局。

（一）贯彻新发展理念，打造一流创新生态

深刻理解中央构建新发展格局战略决策的内涵，在形成以国内大循环为主体、国内国际双循环相互促进的新发展格局中赢得战略主动、发展先机、核心竞争力，使山西进入国内大循环的中高端，成为国内大循环的关键环；科学设定发展目标，抓好投资提效、消费挖潜和进出口补短，加强

创新平台建设，引申创新工程，促进融通创新，强化人才支撑，打造一流创新生态。

（二）深化改革开放，增强转型发展动力

要聚焦"硬骨头""深水区"，注重改革的协同高效、系统集成，推进标志性牵引性重大改革。优化创新资源配置，实施碳达峰、碳中和山西行动，深化国资国企改革，加快构建开放型经济新体制，深化地方金融改革，改革文化体制，实施转型综合配套改革。把扩大内需战略同深化供给侧结构性改革有机结合起来，更加重视发挥消费基础作用，抓好能源革命、开发区提质增效、要素配置市场化改革、制度型开放等任务，全力增强转型发展动力。

（三）做强做优基础产业，大力培育产业生态

面对新形势新任务，加快构建现代产业体系。三大产业协同发力，切实补齐短板、锻造长板，把基础产业作为重要支撑持续做强做优，改造提升传统产业，培育壮大新兴产业，做强做优文化旅游业，加快发展现代服务业，以转型项目建设为抓手，不断增强投资塑造产业结构、完善基础设施，努力提升产业竞争力。把新兴产业作为战略重点不断培育壮大，超前布局突破未来产业，促进新能源规模化，积极利用国内外先进技术大力发展高性能碳材料产业，推动建链延链补链强链，构建产业生态。

（四）持续优化营商环境，打造对外开放新高地

优化精简审批事项，深化一枚印章管审批、证照分离等改革，加快数字政府建设，全力打造"六最"营商环境。放宽行业准入制度，积极鼓励省内万亿民资进入煤炭转化产业、新型战略产业、金融服务等重点行业以及其他省市建设项目。实行全方位对外开放，把规模大、附加值高、经济税收带动力强的优质项目引进来，吸引外资及港澳台企业落地发展，进一步提升非公经济税收贡献率，实现经济转型和税源稳定、产业升级和财源壮大同频共振、

协同推进。全面落实减税降费各项措施,在建设智慧税务上下功夫,在提升精细服务上下功夫,逐步推行智捷办税,创建"推送式"服务提醒、政策辅导,打造"全景式"办税套餐,实现从"数据采集者"向"数据治理者"转变,多方面强化科技驱动,健全税费服务体系,推进办税缴费服务便利化,提升社会满意度,不断优化税收营商环境,为山西转型发展赢得更多的机会。

(五)充分发挥税收职能作用,提供高质量转型发展财力保障

税务部门应主动服务全省经济社会发展,巩固拓展减税降费成效,推动税费收入质优量增,着力做好招商引资服务、项目落地服务、投产达效服务,高标准对接"项目为王",高质量服务"重大项目",为重点工程项目提供优质高效、个性精准的"管家式"一对一服务,助力重点工程项目加快落地、投产、达效。深化科学、有效的税费收入质量管理体系建设,逐步形成收入目标管理和收入质量管理并重的收入管理新格局,努力实现税费收入与经济平稳协调增长,为山西高质量转型发展提供可靠财力保障。

(六)认真落实各项税收优惠政策,全力帮助企业纾困解难

认真落实各项税费优惠政策,特别是近期国家和山西出台的支持疫情防控的保供财税政策,支持疫情防控,帮助企业纾困解难、渡过难关,抓实抓细延续实施和新出台的各项税费优惠政策落实,持续推动政策红利直达市场主体、直接惠企利民,进一步激活市场主体活力和信心,巩固和拓展减税降费成效。发挥税收大数据的独特优势和内在价值,从宏观和微观层面、上下游产业链配套等方面做好税收分析、服务和支持,实现系统集成、精准定位、智能推送,为纳税人缴费人提供更加及时快捷的税费优惠政策服务,为山西企业特别是出口企业有序复工复产提供有力保障,助力经济高质量转型发展。

(七)加强税费共治,精准监管提质增效

一是在推进精诚共治上下功夫,不断拓展税费共治新格局。在更高层

次、更广范围推动形成党政主导、税务主责、部门合作、社会协同的税费协同共治新机制,加强数据共享、工作联动,不断提升税收管理质效,为提升税费治理能力提供数据支撑。二是在实施精准监管上下功夫,切实规范经济税收秩序,进一步做好对市场主体干扰最小化、监管效能最大化、为基层减负最实化等工作。三是按照"应统尽统"原则,打造风险管理"分析－统筹－应对－反馈－优化"的工作闭环,充分依托大数据平台开展综合研判,认真梳理各税种征收管理中"跑冒滴漏"的税收风险,"征管查"协同发力,提高打击涉税违法的精准度。

参考文献

王鑫:《从税收角度看我省高质量转型发展成效明显》,《山西财税》2019 年第3期。

国家税务总局山西省税务局:《2019 年全省税务部门税收收入情况分析》,2020 年 1 月 22 日。

国家税务总局山西省税务局:《2020 年上半年全省税务部门税收收入情况分析》,2020 年 7 月 24 日。

B.5
2019~2020年山东税收发展报告

张德志　张木楠　黄清华*

摘　要： 随着黄河流域生态保护和高质量发展上升为重大国家战略，山东作为全国首个新旧动能转换综合试验区，政策红利不断集聚，市场和人才红利持续扩大，转型红利和改革红利加速释放。2020年，面对新冠肺炎疫情等带来的严峻考验，山东坚持稳中求进工作总基调，坚持以供给侧结构性改革为主线，坚决打好三大攻坚战，狠抓"六稳"工作落地和重点任务攻坚，在全力抓好疫情防控的同时，提早部署税收工作，积极应对疫情对经济带来的严重冲击，经济发展逐渐回升，各项改革加快推进，基本民生得到有效保障，社会保持和谐稳定。未来，山东将坚定不移地推动区域经济协调发展，持续推动纾困措施落地，支持市场主体发展；持续优化营商环境，吸引优质资源来鲁投资；持续深化新旧动能转换，构建新型产业体系；进一步激发市场活力，推动全省经济转型升级、实现高质量发展。

关键词： 区域经济　税收　山东

---

* 张德志，山东省税务学会副秘书长，主要研究方向为税收信息化、税收政策、税收征管、税收与经济等；张木楠，临沂市税务局纳税服务中心负责人，主要研究方向为税收政策、税收征管、税收与经济分析等；黄清华，临沂市税务局办公室四级主办，主要研究方向为税收政策、税收征管、税收与经济分析等。

税收蓝皮书

一 2019年山东税收运行状况

2019年，山东GDP总量达到71067.5亿元，约占全国经济总量的7.17%，居全国第三位；全省税收收入为10888.2亿元，占全国税收总量的6.89%；全省减税降费总量约为1525亿元，约占全国减税降费总量的6.46%。山东的经济总量、税收总量及减税降费都位居全国前列。随着黄河流域生态保护和高质量发展上升为重大国家战略，山东作为全国首个新旧动能转换的综合试验区，政策红利不断集聚，市场和人才红利持续扩大，转型红利和改革红利加速释放，山东正依靠科技创新、制度变革、产业升级等不断推动区域经济高质量发展。

（一）山东税收总量情况

从税收总量上看，山东税收总量整体呈现逐年上升的趋势，2015~2019年山东税收收入分别为8274亿元、8444亿元、10053亿元、10639亿元、10888亿元，税收增长得益于经济发展，税收总量持续增长反映了山东经济发展的良好态势。其中，2019年税收收入为10888亿元，同比增长2.34%，全国税收总量为157992.21亿元，山东税收收入占全国税收总量的6.89%。

从税收增长率来看，税收增长率整体波动较大，2015~2019年税收增长率分别为-0.71%、2.05%、18.84%、33.64%、2.34%，其中2017年、2018年税收增长显著，2019年主要受国家减税降费政策大环境影响，缓缴税款增多，免抵调库指标压减，全省税收增幅明显下跌，税收平均增速减缓。2015~2018年全省税收平均增长率为8.74%，2015~2019年税收平均增长率为7.11%，全省税收增速下跌了1.6个百分点。

从全国税收占比来看，2015~2019年山东税收总量占全国税收总量的比例分别为6.62%、5.85%、6.96%、6.80%和6.89%，山东经济体量较大，税收的稳定性较好，税收占全国税收比重呈现缓慢上升的趋势，占比波动不大，持续保持在6%~7%（见图1）。

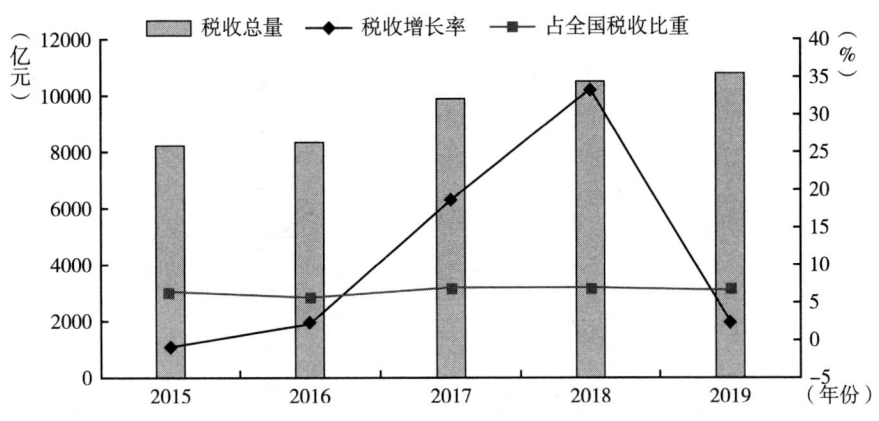

图1 2015~2019年山东税收情况

资料来源：2016年、2017年、2018年、2019年、2020年《中国税务年鉴》。

（二）税收收入占财政收入比例情况

2019年，山东地方一般公共预算收入为6526.6亿元，居全国第五位。其中，税收收入为4849.2亿元，占一般公共预算收入的74.30%。

从纵向上来看，山东税收收入占财政收入比例波动较小，2015～2019年税收收入占一般公共预算的比例为76.02%、71.88%、72.47%、75.52%、

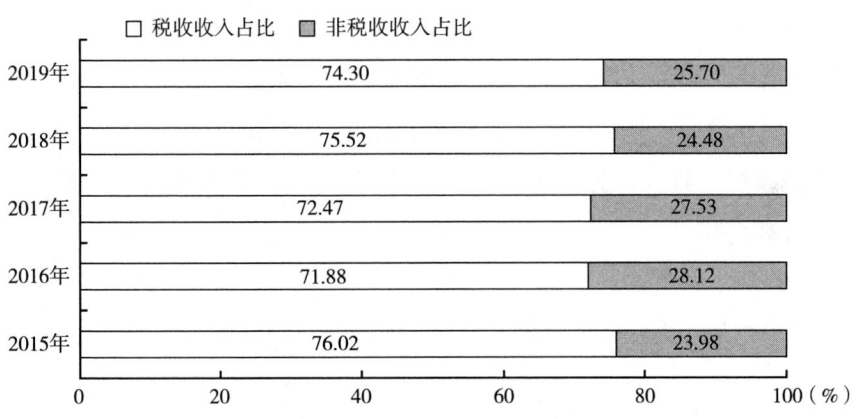

图2 2015~2019年山东税收占财政收入比值

资料来源：2015年、2016年、2017年、2018年、2019年山东省国民经济和社会发展统计公报。

115

74.30%（见图2）。2019年全省财政收入同比增长的情况下，税收收入占比降低，主要原因是受大规模减税降费政策影响，地方级税收收入总量减少。

从横向上看，2019年全国一般公共预算收入为190382亿元，其中税收收入为157992亿元，占一般公共预算收入的82.99%。而山东近五年的税收收入占比均低于76%，远低于全国平均水平，这说明山东税收对财政预算的支撑作用不够，需要继续促进发展，优化产业结构，为税收增长提供经济基础和财源保障，促进财政收入持续稳定增长。

（三）减税降费政策落实情况

2019年，我国实施大规模减税降费政策，全年减税降费超过2.36万亿元，占GDP的比重超2%。山东坚决落实国家减税降费"规定动作"，并对中央授权的减免小微企业"六税两费"、降低社保费率等政策一律实行顶格减免，同时还推出降低城镇土地使用税税额标准等多项针对性强、含金量高的"自选动作"，助推企业高质量发展。2019年山东新增减税降费约1525亿元，约占当年全省税收收入的1/7。其中，落实中央减税降费政策约1400亿元，落实山东省减税降费约125亿元，有效降低了企业税收负担，拉动了消费、投资、就业增长，为保持全省经济总体平稳、稳中向好的发展态势发挥了重要作用。

减税降费以政府收入的"减"换取经济效益和社会效益的"加"，更大激发市场活力、更好保障基本民生。大规模减税降费政策实施后，山东财政收入增速明显放缓，从税收领域来看，短期内产生了较为明显的减收效应，2019年地方级税收收入为4849.2亿元，2018年地方级税收收入为4897.9亿元，减少了48.7亿元。但从长远来看，减税降费有利于培植税源税基，有效拉动投资、消费和进出口，市场活力得到激发，市场信心明显提升，市场预期更为积极，为经济可持续发展注入增添了新动能。

二 2019年山东经济运行状况

近年来，面对错综复杂的外部环境和艰巨繁重的改革发展任务，山东牢牢把握稳中求进工作总基调，坚持以供给侧结构性改革为主线，深入实施八大发展战略，新动能正在加速成长，"四新"经济增势强劲，地区经济总量稳步扩大。同时，山东经济发展还面临新旧动能转换接续不畅、"四新"经济规模偏小、比重较低，区域分化态势明显等问题。

（一）经济总量指标概况

1. 经济总量整体呈现增长态势，占全国比重有所下降

2015～2019年，山东地区生产总值分别为6.3万亿元、6.7万亿元、7.2万亿元、7.6万亿元和7.1万亿元（见图3），2015～2018年，总体上处在稳步增长态势，2019年略有下降。与苏、浙相比，总量一直高于浙江，但低于江苏。占全国经济总量的比重分别为9.3%、9.0%、9.1%、8.5%和7.2%，呈现出轻微下滑趋势。同期，江苏地区生产总值占全国经济总量的比重相对比较稳定，最高达10.8%，最低为10.1%；浙江占全国的比重虽然较低，但比较稳定，基本都在6.4%左右（见图4）。

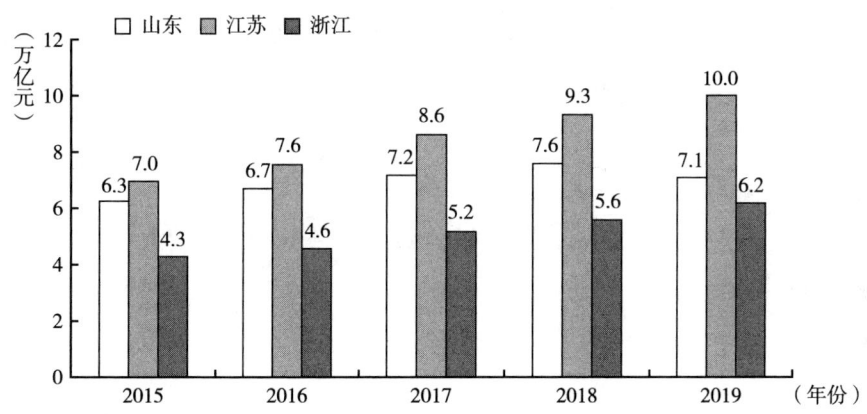

图3　2015～2019年鲁苏浙地区生产总值

资料来源：2015年、2016年、2017年、2018年、2019年山东、江苏、浙江的国民经济和社会发展统计公报。

2. 经济增速逐渐放缓，平均增速依旧较高

2019年，山东GPD同比增长5.5%，增速较上年下降0.9个百分点，低于

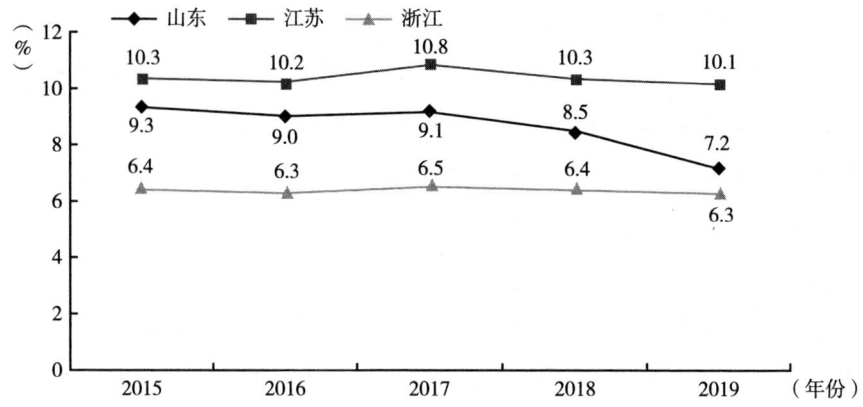

图 4　2015～2019 年鲁苏浙地区生产总值占全国比重

资料来源：2015 年、2016 年、2017 年、2018 年、2019 年山东、江苏、浙江的国民经济和社会发展统计公报。

全国增速 0.6 个百分点。2015～2019 年，山东生产总值分别增长 8.0%、7.6%、7.4%、6.4% 和 5.5%，年均增长率约为 6.98%。同期，我国国内生产总值分别增长 6.9%、6.7%、6.9%、6.6% 和 6.1%，年均增长率约为 6.64%。总体来看，山东经济增速呈现逐渐减缓走势，但年均增长率依旧高于全国。同期，江苏、浙江地区生产总值的年均增速分别为 7.46%、7.26%，略高于山东（见图 5）。

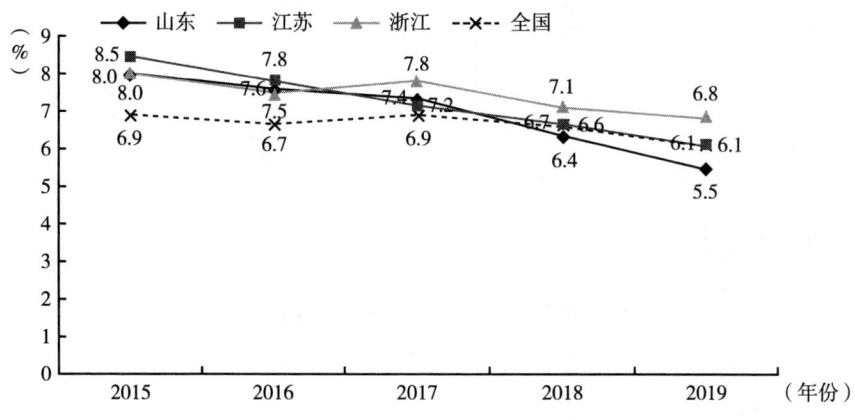

图 5　2015～2019 年鲁苏浙地区生产总值增长速度

资料来源：2015 年、2016 年、2017 年、2018 年、2019 年全国及山东、江苏、浙江的国民经济和社会发展统计公报。

3. 地均经济水平远高于全国平均值，人均经济水平整体呈上升趋势

从地均生产总值来看，2015～2019年，山东每平方公里土地创造的地区生产总值平均为0.45亿元，全国同期平均值为0.09亿元，相差5.25倍，但与苏、浙地区还有差距。以2019年为例，江苏、浙江每平方公里土地创造的地区生产总值分别为0.93亿元、0.60亿元，均高于山东的0.46亿元。从人均生产总值来看，近五年山东整体为上升趋势，分别为6.4万元、6.74万元、7.26万元、7.61万元、7.06万元，年均为7.01万元。同期，全国年均仅为5.91万元。山东是人口大省，因此人均生产总值与苏、浙还有一定差距。2019年，江苏达到12.35万元，浙江达到10.66万元，山东仅为7.06万元（见图6和表1）。

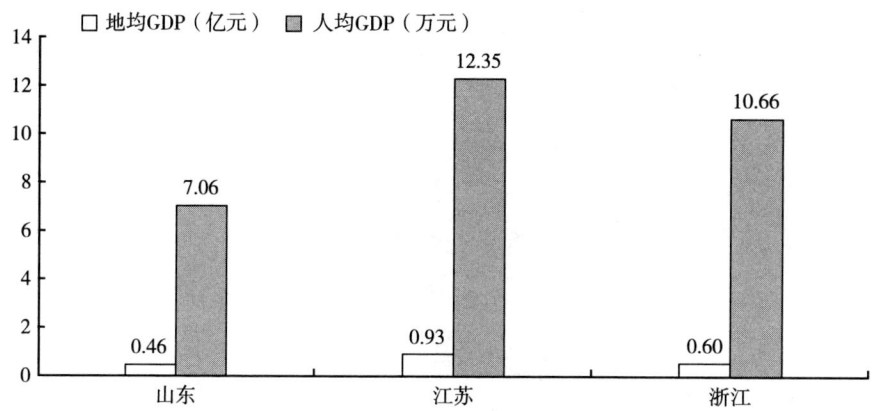

图6　2019年鲁苏浙主要经济指标

资料来源：2019年山东、江苏、浙江的国民经济和社会发展统计公报。

表1　2019年山东地均、人均经济情况

地区	土地面积 （万平方公里）	常住人口 （万人）	GDP（亿元）		
			总量	地均	人均
山东	15.58	10070	71067.5	0.46	7.06
江苏	10.72	8070	99631.5	0.93	12.35
浙江	10.41	5850	62352.0	0.60	10.66
全国	960.00	140005	990865.0	0.10	7.09

资料来源：2019年全国及山东、江苏、浙江的国民经济和社会发展统计公报。

（二）产业发展情况

1. 产业结构不断优化，新动能正加速成长

2019年，山东实现第三产业增加值37640.2亿元、增长8.7%，均明显高于第二产业的28310.9亿元和2.6%的增速，三次产业结构为7.2∶39.8∶53.0，第三产业占比明显高于第二产业（见图7）。从第三产业比重来看，2019年江苏、浙江第三产业占比分别为51.25%、54%，与山东基本持平，省际的差异不太明显。但从贡献率上来看，2019年山东第三产业对经济增长的贡献率高达78.2%，拉动经济增长4.3个百分点，创历史新高。同期，浙江第三产业贡献率仅为58.9%。这说明山东的服务业发展较快、主导能力增强，产业结构不断优化。

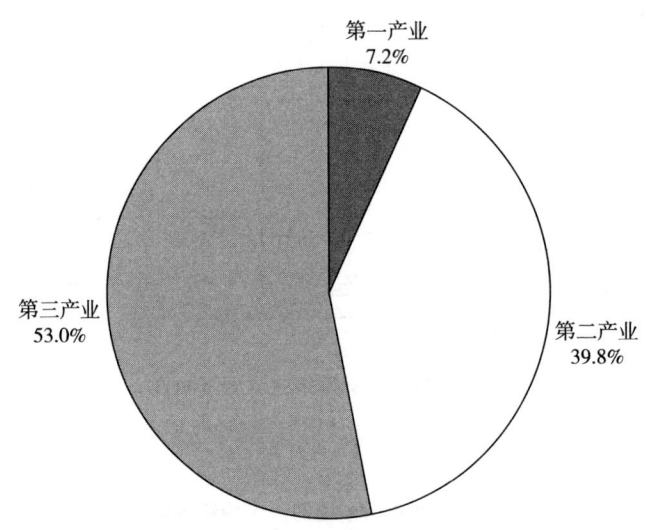

图7　2019年山东三次产业结构

资料来源：山东统计局《山东省2019年国民经济和社会发展统计公报》。

2. "四新"经济表现强劲，呈现量质齐增态势

近年来，在推进新旧动能转换重大工程中，山东大力培育以新技术、新产业、新业态、新模式为代表的"四新"经济，"四新"经济占比逐步提高，正在成为新旧动能转换的强力引擎。2019年，山东"四新"经济占比达到28%，新增市场主体216.8万户，比上一年度增长29.0%。其中，"四新"经济市场主体增长37.3%，高新技术企业增长28.8%，高新技术产业产值占规模以上工业的比重达到40.1%。

3. "十强"产业增长态势明显，现代优势产业集群体系正在形成

近年来，山东着力壮大发展新一代信息技术、高端装备等五大新兴产业，提升发展高端化工、现代高效农业等五大优势产业，努力推动形成布局结构优、规模体量大、延伸配套性好、支撑带动力强的现代优势产业集群体系。2019年，山东十强产业中，新一代信息技术制造业增加值增长5.5%，高于规模以上工业4.3个百分点，新能源新材料增长5.7%，高于规模以上工业4.5个百分点，高端装备增长9.3%，高于规模以上工业8.1个百分点。光伏电池产品产量增长32.3%，智能电视产品产量增长25.5%，服务器产品产量16.6%，光电子器件产品产量增长13.4%。软件业务收入5505.9亿元，增长16.0%；软件业务出口15.2亿美元，增长12.5%。

4. 工业生产企稳回暖，但增速相对较低

2019年，山东全部工业增加值22985.1亿元，比上年增长2.1%。其中，规模以上工业增加值增长1.2%，分别比江苏、浙江低4.0个、4.2个百分点。

（三）经济发展概况

1. 投资总量出现下降，投资结构持续优化

2015~2018年，山东固定资产投资一直高于江苏和浙江。2019年，山东固定资产投资（不含农户）为51717.06亿元，比江苏（58488.37亿元）略低，仍然高于浙江（36702.86亿元）（见图8）。从投资增速看，2015~2019年，山东呈现快速下滑趋势；同期相比，除2015年、2016年山东投资增速均高于苏、浙外，其余年度均低于苏、浙，并且呈现差距增大趋势。2019年，全国平均增长率为5.10%，江苏比上年增长5.10%，浙江比上年增长10.10%，山东同比下降8.40%（见图9）。从投资结构看，2019年山东三次产业投资构成为1.7∶30.1∶68.2，呈优化调整趋势。其中，服务业

投资比重较上年提高9.4个百分点,高新技术产业投资提高4.9个百分点。交通运输仓储和邮政业投资增长32.8%,航空、道路和铁路运输业投资分别增长63.9%、40.5%和27.9%。

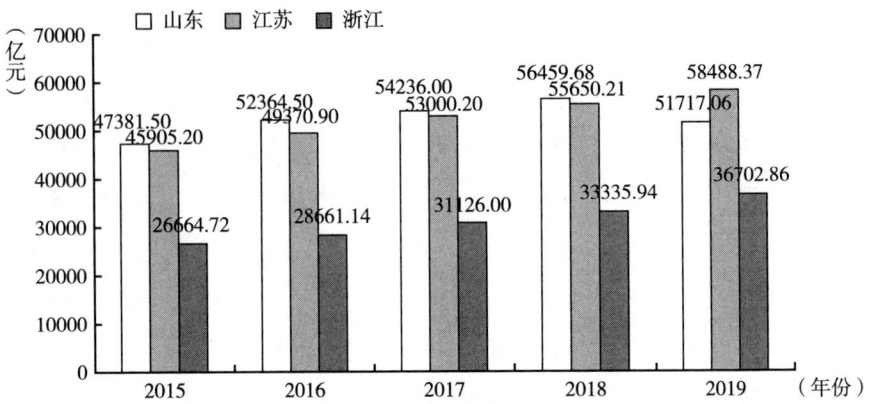

图8　2015～2019年鲁苏浙全社会固定资产投资

资料来源:2015年、2016年、2017年、2018年、2019年山东、江苏、浙江的国民经济和社会发展统计公报。

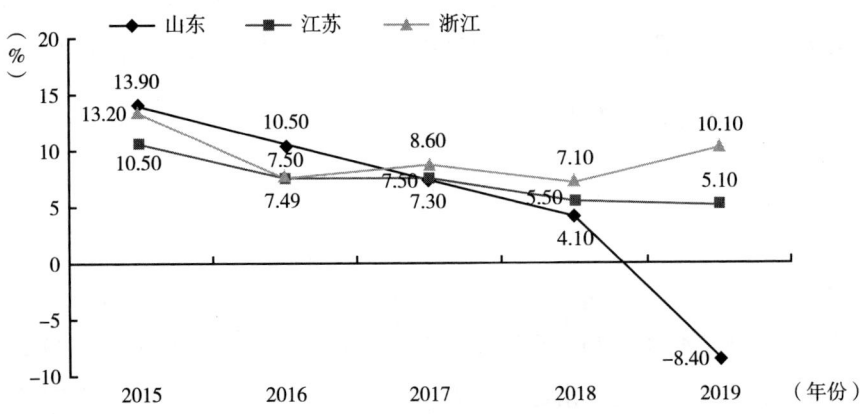

图9　2015～2019年鲁苏浙全社会固定资产投资增速

资料来源:2015年、2016年、2017年、2018年、2019年山东、江苏、浙江的国民经济和社会发展统计公报。

2. 消费总额平稳增长，增速呈下行态势

2015～2018年，山东社会消费品零售总额一直高于江苏和浙江。2019年，山东社会消费品零售总额为35770.60亿元，与江苏基本持平（36367.82亿元），仍然高于浙江（27176亿元）。从纵向比较看，山东内需消费增长率呈下滑走势，近五年增长率分别为10.60%、10.40%、9.80%、8.80%、6.40%，平均增长率为9.20%，与江苏平均增幅基本持平，略高于浙江（见图10和图11）。

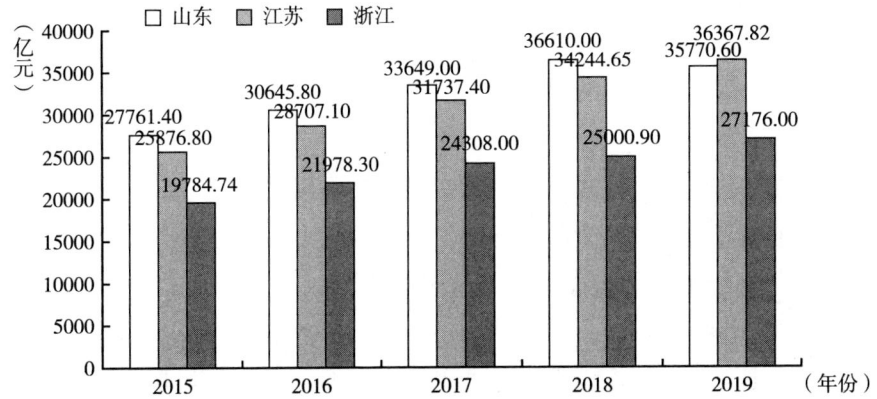

图10 2015～2019年鲁苏浙社会消费品零售总额

资料来源：2015年、2016年、2017年、2018年、2019年山东、江苏、浙江的国民经济和社会发展统计公报。

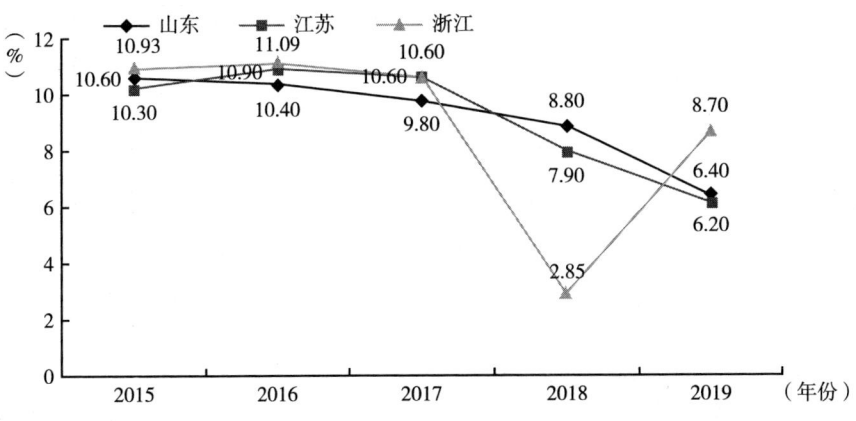

图11 2015～2019年鲁苏浙社会消费品零售总额增速

资料来源：2015年、2016年、2017年、2018年、2019年山东、江苏、浙江的国民经济和社会发展统计公报。

3. 对外贸易稳步发展，出口增长波动较大

从进出口总额看，2019年山东货物进出口总额为20420.9亿元，比上年增长5.8%，比江苏（42279.7亿元）和浙江（30832亿元）要少。从出口增长情况看，呈现出明显的波动趋势。近五年，山东的出口增速分别为-0.40%、1.20%、10.10%、6.10%和5.30%，波动趋势与江苏比较类似。相比之下，浙江出口增速相对平稳，分别为4.70%、2.86%、10.10%、8.84%和9.00%（见图12和图13）。

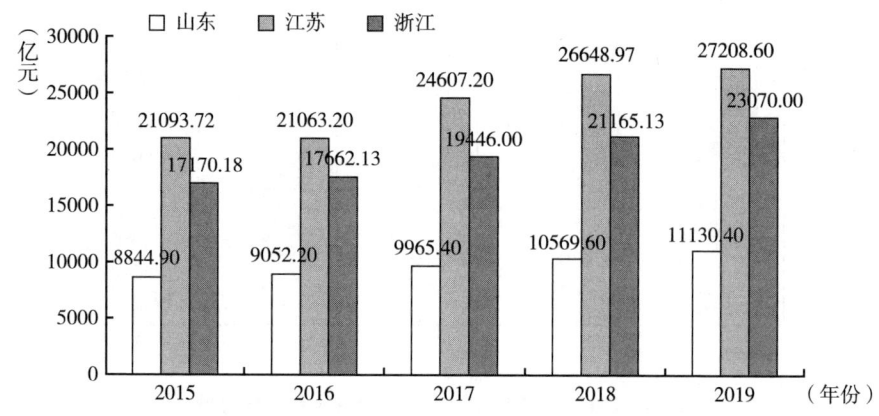

图12 2015~2019年鲁苏浙出口数据

资料来源：2015年、2016年、2017年、2018年、2019年山东、江苏、浙江的国民经济和社会发展统计公报。

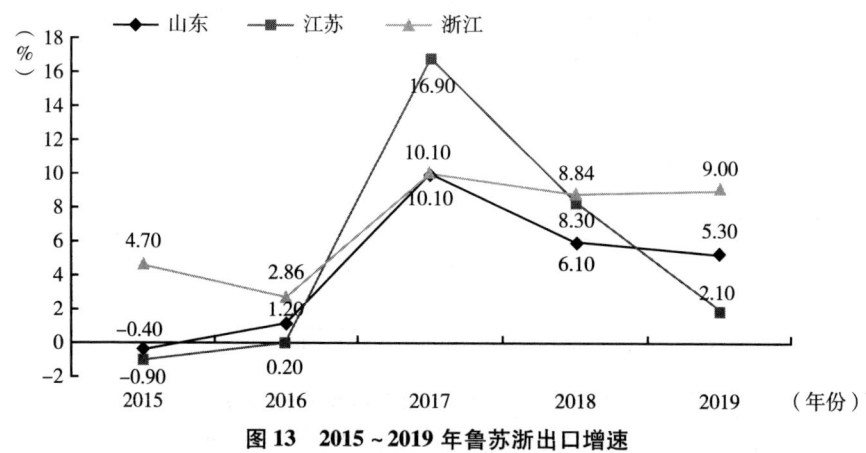

图13 2015~2019年鲁苏浙出口增速

资料来源：2015、2016、2017、2018、2019年山东、江苏、浙江的国民经济和社会发展统计公报。

三 2019年山东税收与经济发展相关性分析

通过对2019年税收数据和经济相关指标的整理统计,从税收收入、税收弹性系数和宏观税负三个维度,对山东税收收入和经济发展相关情况进行分析。

(一)从税收与经济增长的总量角度比较

通过对山东税收收入与GDP总量数据构建回归分析模型(见图14),以分析山东税收收入增长的路径。

回归分析模型以GDP总量为X轴数据、税收收入总量为Y轴数据,导出散点图,税收收入和GDP总量成线性相关关系,计算获取的线性回归方程如下:

$$税收收入 = 0.2039 \times GDP总量 - 4621.9 \tag{1}$$

该模型的R^2为0.7462,拟合度优。

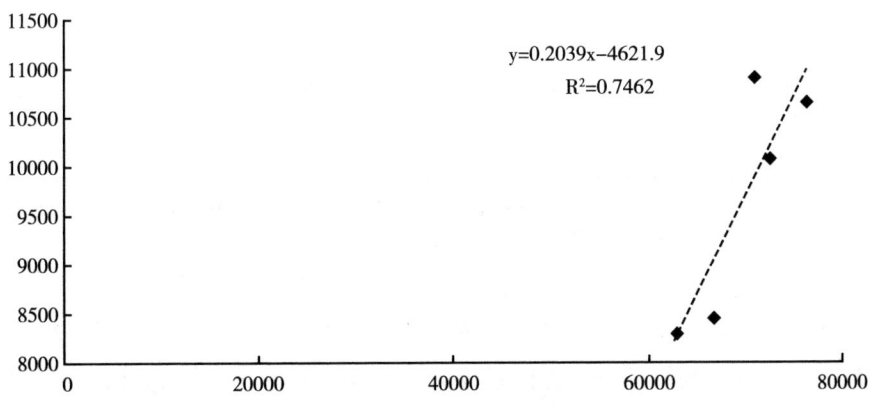

图14 2015~2019年山东省税收收入总量与GDP总量散点

回归模型说明山东GDP总量和税收收入呈正线性相关关系,表明山东宏观经济发展水平与税收收入总量保持同步变动趋势,呈现出相互促进的良好态势。这客观反映了山东税收与经济情况，即税收增长是和 GDP 增长相协调的。

（二）从税收与经济增长的弹性角度比较

税收弹性是指描述税收收入相对于国内生产总值的弹性的指标，即在现行的税率和税法下，税收收入变动的百分比对国内生产总值变动的百分比的比值。通常经济增长对税收收入的决定作用，也在税收弹性上表现出来。这也是经济增长中衡量税收收入增长贡献程度的指标。用公式表示如下：

$$Et = (\triangle T/T)/(\triangle Y/Y)① \tag{2}$$

其中，Et 表示税收弹性系数，△T 表示税收收入增量，T 表示当年度税收收入，△Y 表示当年度 GDP 增量，Y 表示当年度 GDP。山东税收增长率、GDP 增长率及税收弹性如表 2 所示。

表 2 2015～2019 年山东税收弹性系数

单位：%

年份	税收增长率	GDP 增长率	税收弹性
2015	-0.71	6.02	-0.12
2016	2.06	6.36	0.32
2017	19.05	8.46	2.25
2018	5.83	5.22	1.12
2019	2.34	-7.06	-0.33

资料来源：2015～2018 年税收数据来自 2016 年、2017 年、2018 年、2019 年《中国税务年鉴》，2019 年税收数据来自 2019 年山东省税务局会统报表。

2015～2019 年，山东的税收弹性系数波动性大，平均的弹性系数约为 1.51。根据税收弹性理论，弹性系数保持在等于或略大于 1 的数值范围反映了国内生产总值的增长率与税收收入的增长率同步。国内税收领域相关专家认为，我国最优的税收弹性区间为 0.8～1.2。一般来说，税收的弹性系数

---

① 张钰、荣红霞：《黑龙江省税收收入与经济增长关系的研究》，《商业经济》2019 年第 1 期。

应大于 1。近五年山东的平均税收弹性系数在 1.51,略高于这一区间范围,这表明山东近五年的税收收入的增长幅度略高于经济增长的幅度。

(三)从宏观税负角度比较

2015~2019 年,山东的宏观税负水平有逐年递增的趋势,但始终低于全国宏观税负水平。2015 年,山东的宏观税负为 13.13%,到 2019 年宏观税负水平增长到 15.32%。最近 5 年,山东平均宏观税负水平为 13.79%,较全国近五年的基本保持在 16% 上下的宏观税负水平略低(见图 15)。

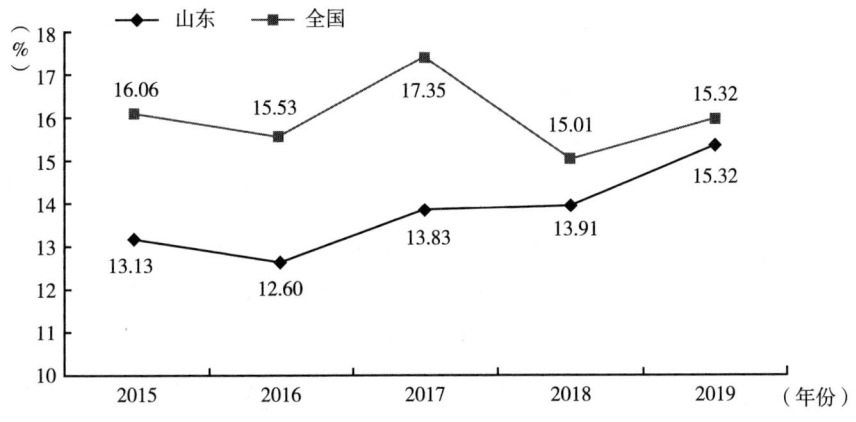

图 15　2015~2019 年山东宏观税负水平变化

(四)山东税收与经济发展相关性分析结论

通过数据分析来看,山东的税收收入除 2015 年以外是逐年递增的,经济总量 2015~2018 年是呈逐年递增趋势,2019 年略有下降;税收收入与经济增长之间存在正相关的关系,并且两者之间存在长期的依存关系,符合税收收入与经济增长关系的经济理论。从总量角度看,山东税收收入与经济增长之间存在长期的稳定关系,税收收入与经济增长呈现出良好的态势。从弹性和宏观税负角度看,山东的税收弹性波动性大,税收增长率、宏观税负与经济增长的相关性弱,说明产业结构、减税降费等其他影响因素对税收收入的影响较大。

税收蓝皮书

四 2020年山东税收经济发展情况及2021年展望

2020~2021年，推进更深层次融合成为山东一体化发展的必然选择。山东在新发展理念的引领下，通过深化改革创新，扩大对内对外开放，强化区域内协调分工，同时将疫情防控与做好"六稳""六保"工作紧密结合起来，构建深度融合的一体化现代经济体系，打造具有国际竞争力的经济一体化发展区域。

（一）2020年疫情影响下的山东税收经济运行状况

2020年以来，面对新冠肺炎疫情等带来的严峻考验，山东坚持稳中求进工作总基调，坚持以供给侧结构性改革为主线，坚决打好三大攻坚战，狠抓"六稳"工作落地和重点任务攻坚，在全力抓好疫情防控的同时，提早部署，积极应对疫情对经济带来的严重冲击，经过全省上下艰苦努力，经济发展逐渐回升，各项改革加快推进，基本民生得到有效保障，社会保持和谐稳定。

第一季度疫情对经济运行造成了较大的冲击。从经济指标来看，全省GDP下降5.8%，主要经济指标明显下滑。分产业看，第一产业增加值为628.0亿元，下降0.5%；第二产业增加值为5666.0亿元，下降7.1%；第三产业增加值为8625.3亿元，下降5.4%。工业、投资、消费、进出口、财政收入等经济指标明显下降。其中，固定资产投资总额下降4.1%，社会消费品零售总额下降15.2%，货物进出口总额下降3.6%，一般公共预算收入下降10.1%。

从主要经济指标增速来看，第一季度疫情对山东经济增长的短期冲击较为明显。但自3月份以来，随着疫情防控措施以及包括减税降费在内的一系列政策措施持续落地见效，企业经营压力得到有效缓解，主要经济指标明显改善，工业、投资、进出口当月都实现了由负转正，社会消费品零售总额降幅大幅收窄，经济发展的基本面不断巩固拓展，基础工业平稳增长。从税务部门提供的企业发票开具情况看，2月10日至4月10日，全省企业开票户数和金额分别恢复至去年同期的106%、84%；4月上旬日均开票户数和金额已超去年同期水平。表明各地市复工复产、复商复市加快推进，主要经济指标增速明显回升，经济增长恢复呈现良好势头，也充分展现出山东经济发展韧性强、潜力足、空间广。总体来讲，疫情对山东经济的影响是短期性、阶段性、局部性的，不会改变山东经济长期向好发展的趋势。

从税收总量来看，上半年，全省税费收入完成4641亿元。其中，税务系统组织税收收入3689亿元，同比下降16.1%，税收规模居全国第六位。分级次看，中央级税收完成1737亿元，同比下降20.9%；地方级税收完成1952亿元，同比下降11.3%。新旧动能转换稳步推进，对疫情期间催生的新兴服务需求旺盛，这推动了新技术、新业态、新模式逆势发力，全省互联网和相关服务税收同比增长21.3%，资本市场服务行业税收同比增长8%。

从税收增速来看，第一季度全省税收大幅下降21.3%。随着全省复工复产复商复市全面推进，生产生活秩序加快恢复，第二季度全省税收同比下降10.8%，降幅较第一季度收窄10.5个百分点。其中，6月份税收同比下降5.4%，中央级和地方级分别下降6%和4.8%，税收呈现回升态势，降幅逐渐收窄，税收反映经济形势逐渐趋稳向好发展。

（二）山东实现高质量发展的战略优势和方向

山东在经济发展战略中，坚定不移地推动区域经济协调发展。积极推进省会、胶东、鲁南三大经济圈一体化发展，培育发展济南、青岛都市圈，打造具有全球影响力的山东半岛城市群；深入开展新旧动能转换，逐步淘汰落后产能，积极鼓励和扶持民营企业、高新技术企业发展。这给全省经济发展带来了全新的机遇。

1. 中心城市圈发展和专业化产业园区建设同频共振

山东通过推进省会、胶东、鲁南三大经济圈一体化发展，构建区域经济带，中心城市圈的蓝图越来越清晰。中心城市的发展，有助于推动产业集群和资源的合理配置，形成竞争性强的规模产业，对周边城市起到辐射带动作用，实现

中心城市圈内各个地方的协同发展。从三大中心城市圈的特点看,省会地区具有基础产业优势,老牌企业众多,是全省发展的战略高地;胶东地区是打造海洋强省的基石,海外贸易与海洋产业发达;鲁南地区是物流枢纽,山东是连接南方各省的重要通道,物流行业和小商品经济发达,中心城市圈各具特色,能够引导各地实现优势互补,错位发展。济南、青岛通过建设国家中心城市,进一步扩大自身综合承载力、辐射带动力、创新引领力、人才集聚力,在服务国家区域战略中赢得了优势。依托三大城市圈,狠抓重大基础设施建设,京沪高铁、鲁南高铁等重大基建项目的持续投入,高速公路的加密、扩容、提质,进一步畅通经济发展的血脉,省内外城市交流的便利度大大提升。

新旧动能转换综试区、自贸试验区、上合示范区发展成型,取得良好效果,为继续加强专业化产业园区建设增添了动力。山东发展规划致力于深耕"十强"现代优势产业集群,培植一批具有产业龙头地位的引领型企业,形成集群发展格局。这有助于打造专业化、现代化的产业园区,发挥产业集群优势,集约资源,控制成本,增强核心竞争力。建设省级区块链产业园区,建设省级数字经济园区,培育轨道交通、动力装备、智能家电等先进制造业集群等措施,有力推动数字化时代高精尖产业的快速发展。

2. 新旧动能转换和拓展新兴产业成果效应叠加显现

随着新旧动能转换工作的深入推进,山东产业结构布局正在加速优化。从 2020 年政府工作报告来看,2018~2019 年,全省累计治理"散乱污"企业 11 万家,关停化工企业 1500 多家,化工园区从 199 家压减少到 85 家。2019 年压减煤炭产能 875 万吨、生铁 465 万吨、粗钢 923 万吨、焦化 777 万吨,落后产能逐步压缩。实施了智能化技改三年行动,加快设备换芯、生产换线、机器换人步伐,体现了新旧动能转换的坚强决心,加快了企业转型升级的速度和质量。新增高新技术企业 2500 余家,总量突破 1.1 万家,高新技术产业产值同步提升,充分显示山东通过新旧动能转换和扶持新兴高新技术产业发展两手措施,已经步入高质量发展的良性循环。

新兴产业方面,大力培育省级产业互联网平台和"上云用云"企业,持续加强高新视频实验园区建设。深入实施创新驱动战略,拓展各类创业共同体与产业研究院，极大地推动了全省高新技术产业的发展壮大。特别是加快建设创新型省份，强化重大创新平台建设，在新一代人工智能、大数据等领域，实施科技创新工程项目，尽快占领未来产业发展方向的制高点。加大力度培育行业"独角兽"企业，不断扩充高新技术企业数量与规模。新旧动能转换和新兴产业的培育，已经形成了明显叠加效应，推动全省经济的转型升级，高质量发展的道路越走越宽。

3. 传统大型国有企业与地方民营经济实现均衡发展

2020年全省"重点工作攻坚年"发起企业改革攻坚行动，更大力度推进国企国资改革，聚焦市场化改革方向，落实省属国有企业混改三年行动计划，山东重工、中国重汽等重点企业完成战略重组，传统行业动力更足，优势得到放大。国有企业、大型企业在山东整体发展中处于龙头地位，是带动经济腾飞的关键，通过国有企业改革，夯实了支柱产业基础，释放出巨大活力和发展动能，为全省实现高质量发展注入强大信心。

山东大力推动民营企业高质量发展，充分激活夯实高质量发展的微观基础。从2020年1~5月份税收数据分析，目前山东非公有制经济纳税主体占全部纳税主体的98.31%，其中民营企业比重持续上升，由2017年的45.67%上升至2020年5月的51.70%，税收贡献稳步提升。民营经济发展，能够提供大量的就业岗位，助力复工复产，对"六稳""六保"的落实有巨大的推进作用。县域、镇域民营经济发展，对于缓解地域发展不平衡的现状、增加地方财力也有着重要意义。从山东民营经济发展现状看，机遇与挑战并存，政府提供了大量的政策保障，如省工信厅出台《关于进一步推动全省工业企业"小升规、规改股、股上市"的实施意见》，加强初创小微企业培育，支持和推动1万家小微工业企业升级为规模以上企业。但是全省民营企业仍然存在发展后劲不足、产业结构有待优化、大型龙头企业较少等现状。

（三）2020-2021年促进山东税收和经济协调发展的建议

山东要在高质量发展上取得新突破，在已经取得成绩的基础上，继续贯彻全面深化改革总目标，坚持以深化供给侧结构性改革为主线，实现重点行

业、重点领域的重点提升。

1. 持续推动纾困措施落地，支持市场主体发展

7月21日，习近平总书记在企业家座谈会上强调，要实施好更加积极有为的财政政策、更加稳健灵活的货币政策，增强宏观政策的针对性和时效性，强化对市场主体的金融支持，发展普惠金融，支持适销对路出口商品开拓国内市场。支持市场主体发展是做好"六稳"、落实"六保"的关键一环，能够助力居民就业，保障基本民生，拉动经济增长，对于尽快摆脱疫情负面影响具有重要促进作用。

要大力促进市场主体经济发展，一方面，围绕新旧动能转换综合试验区、自由贸易试验区等政策，依托山东雄厚的工业基础和资源优势，充分发挥非公有制经济活力强、转型快等特点，扩大非公有制经济改革试点范围，将非公有制经济体作为山东经济转型的"排头兵""领头雁"，带动山东经济快速发展；另一方面，进一步加大山东引进外资力度，为山东营造更高水平的对外开放环境。支持大型企业集团进行并购重组，强化龙头企业集聚，发挥示范带动作用。同时，在资金、人才、服务等政策措施方面向市场主体经济进行适当倾斜，为山东经济的持续健康发展夯实基础。

2. 持续优化营商环境，吸引优质资源来鲁投资

山东优化营商环境所实施的各项举措，已经取得了良好成效。《2019年中国城市营商环境指数评价报告》中，对经济总量位居前100名活跃城市的营商环境综合排名中，烟台、潍坊、临沂、威海四个地级市跻身前二十。2020年5月，山东省政府发布《关于持续深入优化营商环境的实施意见》（以下简称《意见》）。文件围绕全面提升企业便利化水平，着力打通企业难点、堵点、痛点，精准提供便捷高效的政务服务，着力打造透明稳定的政策环境四个大方面，采取了18项具体措施。《意见》的出台，体现了山东深入落实习近平总书记对山东工作的重要指示要求，统筹推进新冠肺炎疫情防控和经济社会发展工作，充分激发市场活力和社会创造力的坚定决心。

当前山东打造一流营商环境已经进入关键阶段，要进一步突破瓶颈、提升能级，还需要结合实际情况，做出更多的努力和探索，厘清营商环境优化的深层次问题，在全省层面建立规则统一的制度体系，真正实现便利化、国际化、法治化、市场化的营商环境。通过营造宽松平等规范有序的市场环境、廉洁透明便捷高效的行政环境、和谐稳定温馨包容的社会环境、自由便利高效安全的开放环境、公平公正成熟完善的法制环境、集聚充分配置高效的要素环境等，减少企业经营的外部成本，对内促进省内企业持续健康发展，对外吸引国内外优质资源来鲁投资。

3. 持续深化新旧动能转换，构建高质量发展体系

2020年，山东制定《山东省新旧动能转换综合试验区建设2020年工作要点》聚力培育壮大新动能，改造提升传统动能，推动过剩产能调整转型，确保新旧动能转换初见成效。要紧密结合抗击新冠肺炎疫情的实际，积极培育新经济增长点，重点实施公共安全信息系统建设、医疗物资产业链建设和基础设施保障等领域重点项目发展。同时，加快布局工业互联网、智能城市等新基建，集中打造省级数字经济平台。实施新一代信息技术、高端装备等"十强"产业集群和领军企业突破行动，培育高端前沿产业，大力发展量子科技、超级计算、人工智能、大数据、智能装备、机器人、高端数控机床、半导体材料、生物制药、新能源汽车等高端产业，着力培育区块链、先进电磁驱动、空天装备、增材制造、石墨烯材料、高性能集成电路、先进低温制冷、基因检测及治疗、脑科学与类脑科学、氢能源及燃料电池等前沿产业。

参考文献

张钰、荣红霞：《黑龙江省税收收入与经济增长关系的研究》，《商业经济》2019年第1期。

中国战略文化促进会、中国经济传媒协会、万博新经济研究院、第一财经研究院：《2019中国城市营商环境指数评价报告》，2019中国营商环境研讨会暨城市营商环境指数发布会，2019年5月。

B.6
2019~2020年重庆税收发展报告

邓永勤 徐 斌*

摘 要： 2019年，重庆全面落实习近平总书记对重庆提出的"两点"定位、"两地""两高"目标，坚持稳中求进工作总基调，实现了经济较高质量发展。重庆地区生产总值增速高于全国GDP增速，税收与经济基本实现协调发展。主要行业运行总体平稳，生产要素流动加快，减税降费作用明显，西部大开发重要战略支点作用突出。与发达地区相比，重庆经济运行质量仍然较低，税收产出率低于全国平均水平，汽车等传统优势产业发展遇到困难，高新技术产业发展相对滞后，现代服务业不够发达，民营经济发展步伐变缓。2020年，受新冠肺炎疫情影响，重庆经济社会发展不确定性增加。面对挑战，应坚持对标世界一流营商环境，提振市场信心，促进优势产业、高新技术产业和现代服务业进一步巩固发展，提高经济运行质量，释放经济增长潜力，实现经济稳中向好发展。

关键词： 经济发展 税收 重庆

2019年，重庆紧扣党和国家总体战略部署，全面落实习近平总书记对

---

* 邓永勤，经济学博士，国家税务总局重庆市税务局税收科学研究所二级调研员，主要研究方向为税收理论与政策、税务稽查与税收筹划实务；徐斌，国家税务总局重庆市税务局税收经济分析处干部，主要研究方向为税收经济行业知识图谱、微观企业量化分析模型等。

重庆提出的"两点"定位、"两地""两高"目标，坚持稳中求进工作总基调，深化供给侧结构性改革，以新的视野谋划经济社会发展。重庆税务系统解放思想，改革创新，统筹做好减税降费和组织收入工作，服务全市经济社会发展大局。总体而言，重庆经济稳中有进，符合预期，经济高质量发展势头强劲。2020年，受新冠肺炎疫情影响，重庆经济社会发展不确定性增加，但随着疫情防控形势持续向好，经济社会继续保持稳中向好发展趋势。

一 2019年重庆税收运行状况

2019年重庆地区生产总值为23605.77亿元，同比增长6.3%，高于全国GDP增速0.2个百分点，继续保持在合理区间。全市税务部门累计组织税费收入4270.7亿元，同比增长1.7%，低于地区生产总值4.6个百分点。其中，税收收入为2799.9亿元，同比下降2.6%；社会保险费收入为1271.4亿元，非税收入为122.6亿元，其他收入为76.8亿元，社保费、非税收入及其他收入合计为1470.8亿元，同比增长11.1%；海关代征税收为126.1亿元，同比下降7.9%；出口退税为144亿元，同比下降0.8%。2019年全市一般公共预算收入为2134.9亿元，同比下降5.8%。其中税收收入为1541.2亿元，同比下降3.9%。一般公共预算支出为4847.8亿元，同比增长6.8%。全年大规模减税381.82亿元，惠及包括个体工商户在内的102.71万户企业和574.38万自然人，涉及13个税种和2项教育费附加，占2019年重庆税收收入2799.9亿元的13.6%，拉低税收增速13.3个百分点。

（一）主要行业运行总体平稳，税收对土地税源依赖较大

从主要行业增加值来看，全年工业增加值为6656.72亿元，同比增长6.4%，其中，制造业增加值增长6.5%，汽车产业增加值下降4.1%。金融业增加值为2087.95亿元，同比增长8.0%；房地产业增加值为1473.04亿元，同比增长2.7%。从税收贡献来看，工业税收实现694.83亿元，其中，制造业税收实现596.62亿元，与上年基本持平。税收收入下降较大的行业，一是汽车制造业，

税收实现104.91亿元,同比下降9.5%;二是计算机、通信和其他电子设备制造业实现税收47.91亿元,同比下降27%;三是金融业实现税收315.83亿元,同比下降0.7%;四是房地产实现税收764.03亿元,同比下降0.4%。

从土地相关税种来看,2019年重庆城镇土地使用税、房产税、土地增值税、耕地占用税和契税共计实现514亿元,占全市税收收入的18.4%,比全国(11.2%)高7.2个百分点,显示出重庆对土地税源较大的依赖性。

(二)生产要素流动加快,减税降费效应显著

一是反映生产要素流动速度和企业经营活力的货物劳务税(包括国内增值税、国内消费税、车辆购置税)实现1388.3亿元,占全市税收的49.6%,较上年提高2.0个百分点,表明生产要素流动总体加快。

二是企业所得税完成575.7亿元,同比下降2.5%,若剔除减税等因素影响,实际增长2.7%,减免企业所得税直接增加企业利润;个人所得税完成158.2亿元,同比下降28.9%,若剔除减税等因素影响,实际增长25.2%,减免个人所得税增加居民可支配收入。所得税同比下降明显,减税降费不但有利于提升企业和居民的获得感,也有利于增强投资创业信心,为经济和税收增长提供新动能。

三是新兴产业登记户数增长较快。信息传输、软件和信息技术服务业2019年新增登记户数占企业总户数达34%,新能源汽车增量户数超过存量户数的40%。新兴产业营业收入和税收均实现较快增长。例如,重庆现代服务业2019年营业收入为3339.2亿元,同比增长25.7%,其中,研发和技术服务营业收入为222.81亿元,同比增长17.4%。信息处理和存储支持服务、快递服务、生物质燃料加工、互联网数据服务、非货币银行等新兴产业税收增速分别为741.3%、444.6%、93.4%、81.8%、105.4%。

(三)内外贸易规模进一步扩大,西部大开发战略支点作用突出

外贸出口总额强势增长。2019年,重庆实现出口额3712.92亿元,同比增长9.4%,大幅高于全国出口额0.5%的平均增速。笔电、半导体、摩

托车配件、显示器件出口额分别为2328.64亿元、743.68亿元、206.59亿元、179.58亿元，该四类货物占全市出口总额的93.1%，是重庆市主要出口货物。从出口贸易国别看，美国、德国、韩国、荷兰是重庆出口贸易前四名国家，出口额分别为815.36亿元、290.25亿元、150.21亿元、147.01亿元，合计占比达37.7%。受中美贸易摩擦影响，重庆对美国出口同比下降7.5%，但美国依然是重庆出口第一大国。从出口退税金额来看，受增值税税率下调影响，出口退税金额小幅下滑，2019年重庆出口退税总额为144亿元，较上年下降0.8%。随着税务机关提高出口商品退税率，全面提升退税速度，全力对冲中美贸易摩擦对外贸的影响，出口退税额将会增长。

从省际贸易商品看，重庆贸易顺差前五的商品和服务是汽车、空调、建筑服务、电子计算机及部件、信息系统增值服务，净销售额分别为547.74亿元、171.78亿元、156.89亿元、145.29亿元、134.5亿元。贸易逆差前五的商品和服务是石油制品、钢材、工程服务、其他现代服务和其他贷款服务，净采购金额分别为473.9亿元、432.14亿元、375.84亿元、148.38亿元和136.12亿元。可以看出，重庆主要流入工业原料、资金和现代服务，主要产出工业产品、人力输出和信息服务。从贸易省份看，重庆与全国贸易顺差排名前五的省份为贵州、江苏、河南、广西、云南，逆差排名前五的省份是上海、广东、北京、山东、安徽。贸易顺差省份相对集中于西部省份，表明重庆在西部大开发中发挥了积极推动区域协调发展的支撑作用。2019年重庆与西部地区贸易总量为11392.86亿元，同比增长11.5%，其中与四川贸易总量为6066.58亿元，同比增长16.9%，占西部地区贸易总量的53.2%，是重庆最大的贸易省份。随着成渝地区双城经济圈建设推进，重庆、成都两大中心城市发挥辐射带动作用合力正逐渐形成。

（四）发展不平衡呈现新特征，经济增长潜力巨大

重庆主城区核心地位凸显，两群城市成长空间大。2019年，主城都市区实现税收2425.2亿元，同比下降3.1%，税收占比86.6%。相比主城都市区77.3%的地区生产总值比重，税收贡献突出，经济发展质量较高。渝

东北三峡库区城镇群实现税收244.4亿元,同比下降1.7%,税收占比8.7%;渝东南武陵山区城镇群实现税收130.3亿元,同比增长4.4%,税收占比4.7%。两群城市经济总量占比为22.7%,税收总量占比仅为13.4%,两群区域税收增长空间较大。

民营企业、港澳台及外商投资企业发展步伐变缓。2019年全市民营经济累计实现税收1637.1亿元,同比下降3.8%,占全市税收比重为58.5%,同比下降0.7个百分点。港澳台及外商投资企业实现税收326.6亿元,占比11.7%,同比回落2.6个百分点。2019年12月4日,中共中央、国务院发布《关于营造更好发展环境支持民营企业改革发展的意见》,要求营造更好的发展环境支持民营企业改革发展,民营企业将迎来新的发展机遇。

2019年,重庆纳税百强企业变化较大,竞争激烈。百强企业合计实现税收605.8亿元,占全市税收比重为21.6%,同比下降0.6%。百强企业中,制造业、房地产业、金融业和批发零售业纳税户数分别为23户、33户、20户和13户,分别实现税收212.1亿元、132亿元、127.6亿元和58.9亿元。以上四大行业共占据纳税百强89席,实现税收530.6亿元,占比达87.6%。其中,房地产和金融业纳税户数总量共超过总纳税户数的一半。新晋31户企业中,一是由于企业转型升级,如美的制冷设备有限公司,由单纯生产转为产销结合,税收同比增长近3倍;二是由于供给侧改革效应,如海螺水泥,产销量激增,税收同比增长81.9%;三是由于招商引资企业成效显现,如两江新区引进的北京现代重庆分公司,税收同比增长5.8倍。在退出的31户企业中,行业分布较分散。值得关注的是,有3户信息技术服务业退出百强名单,其中,瑞耕达网络科技由于不再经营而停止纳税。总体来看,新兴产业进入纳税百强的仅有13户,平均纳税2.98亿元,为百强户均纳税额的一半左右,发展潜力较大。

二 2020年上半年重庆税收运行状况

2020年新冠肺炎疫情对重庆经济社会发展造成较大冲击。第一季度重庆地区生产总值同比下降6.5%,税务部门累计组织税费收入861.3亿元,同比下降27.1%（2019年第一季度全市税务部门累计组织税费收入1182.1亿元）。疫情的冲击是短期的，总体上是可控的。当前，全市疫情防控形势持续向好，生产生活秩序有序恢复，经济稳中向好趋势没有改变。截至2020年6月底，税务部门组织税费收入同比下降幅度已收窄到15.6%。

（一）疫情影响下税收经济情况

1. 经济逐步复苏，4月后单月复销率超过110%

2020年以来，全市企业复工复产经历艰难起步、低位徘徊后，4月份后进入快速上升通道。从最能反映经济活跃度的发票数据来看，4月以来单月复销率（当期开票金额/上年同期开票金额）始终保持在110%以上，上半年全市销售累计开票金额为22526.6亿元，复销率达到98.7%，反映出全市企业生产经营基本回归常态、渐趋稳定（见图1）。

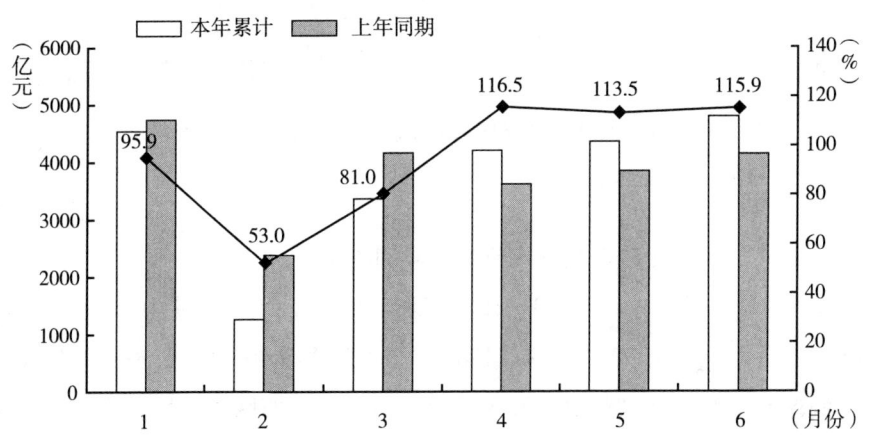

图1 2020年上半年重庆开具增值税发票销售情况

资料来源：根据重庆增值税发票数据整理。

2. 近八成行业复销率接近或超过上年同期水平

2020年上半年，19个行业门类中房地产等9个行业复销率超过100%，制造业、建筑业、批发零售业等6个行业复销率在95%~100%，金融业、采矿业、住宿餐饮业、教育4个行业复销率不足90%（见图2）。

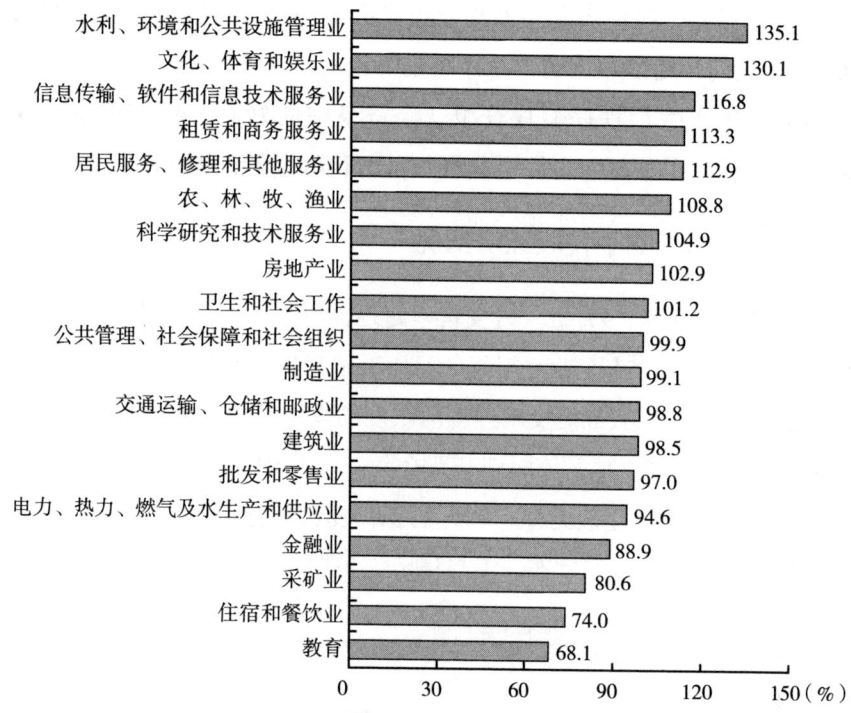

图2 2020年上半年重庆增值税发票分行业销售恢复情况

资料来源：根据重庆增值税发票数据整理。

3.逾七成区县复销率接近或超过上年同期水平

全市41个区县中，有30个区县复销率超过95%，其中，21个超过100%。9个区县复销率在95%~100%，3个区县复销率低于90%。分区域看，渝东北三峡库区城镇群、渝东南武陵山区城镇群恢复较快，复销率分别为111.4%和106.7%；主城都市区经济体量大，销售累计开票金额为19835.5亿元，占全市比重88.1%，经济复苏相对迟缓，复销率为97.4%，落后于全市平均进度1.3个百分点。

（二）2020年上半年重庆经济税源发展情况分析

1.制造业税收支撑作用较强，民生消费类制造蕴含新动能

制造业基本恢复到上年同期水平。药品、医疗仪器、农副食品制造增长较快，汽车及电子信息制造业已超过去年同期。上半年制造业累计开票金额为6068.4亿元，复销率为99.1%，快于全市水平0.4个百分点，与入库税收（剔除新增减税、缓税等不可比因素）同比增长1.6%保持一致。分月份来看，4~6月平均复销率达到120.1%，已超过上年同期。在制造业的31个大类行业中，复销率超过100%的有11个，复销率在90%~100%的有12个。其中，卫生材料及医药用品制造、医疗仪器设备及器械制造、化学药品原料药制造、农副食品加工增长较快，复销率分别为203.6%、155.9%、115.2%、115.9%；汽车制造超越上年同期，复销率分别为104.4%、110.0%、106.6%；电子信息制造类行业稳定增长，计算机制造、智能消费设备制造复销率分别为109.6%、251.0%。

2. 生活必需类消费加速恢复，线上消费成为新趋势

批发和零售业累计开票金额为8041.6亿元，复销率为97.0%。4~6月平均复销率达到113.9%。基本生活必需的食品饮料烟草、医药及医疗器材、五金家具复销率分别为106.7%、110.2%、122.5%。非生活必需类的文体用品、纺织服装、汽车摩托车复销率分别为82.1%、85.0%、91.2%。互联网零售复销率为117.5%。

3. 建安恢复已接近上年同期，房地产业新的需求出现

建筑业累计开票金额为2631.5亿元，复销率从2月份的14.3%升至98.5%，与基础设施建设投资走势一致（降幅从1~2月的低点-49%收窄至1~5月的-1.8%）。其中，建筑安装和建筑装饰恢复较快，复销率为110.8%和112.6%。

上半年房地产呈现"同比减、房价稳、环比增、需求新"的特征。一是受疫情影响，同比"减"的基调明显，房屋交易58.21万套，同比减少16.7%，其中，新房交易40.16万套，同比减少17.6%；二手房交易18.05万套，同比减少14.4%。二是房价"稳"的趋势延续。总体来看新房价格略微增长3.5%，二手房价格小幅下降3.9%，新房、二手房价格倒挂现象减弱。三是房地产市场保持回暖，出现环比"增"的态势。2~6月，重庆商品房销售面积月均环比增长25.0%，6月单月恢复到上年同期水平。四是

"新"的需求旺盛,以大户型为代表的改善型需求进一步增强。购买家庭第二套及以上改善性住房比例达到47.8%,比上年提高6.7个百分点。高品质物业服务楼盘需求提升。长时间居家隔离,激发居民改善居住品质的欲望,更加注重物业管理服务。在上半年房地产业税收同比下降25.1%的情况下,物业管理板块税收同比增长70.1%,折射出高品质物业管理蓬勃的发展前景。

4. 银行保险板块优势明显,非货币银行服务发展空间较大

银行贷款服务稳定增长,保险类服务恢复已接近上年同期,小额贷款服务大幅下滑。金融业累计开票金额为757.2亿元,复销率为88.9%。降准降息政策背景下,全市货币市场流动性合理充裕和融资规模合理增长,1~5月贷款余额同比增长14.2%。从发票数据反映,货币银行服务开票金额达到上年同期的102.3%,保险业复销率为98.1%;非货币银行服务恢复迟缓,复销率为65.2%,其中,小额贷款公司服务开票金额只有上年同期的25.8%。

5. 现代服务业趋势向好,传统服务业亟须转型

科技推广和应用服务、互联网相关服务、商务服务等现代服务业和传统餐饮住宿服务业等传统服务业走势迥异。一是科技服务业快速崛起,科技推广和应用服务业、专业技术服务业复销率分别为202.7%、101.7%。二是互联网相关服务业发展较快,疫情期间居家办公、在线教育等需求催生新业态快速发展,互联网和相关服务、软件和信息技术服务业复销率为115.8%和122.6%,其中,互联网生活服务平台和公共服务平台开票金额为上年同期的2.1倍、1.2倍。三是商务服务业持续升温,复销率达到110.4%,其中就业、创业服务需求大增,人力资源服务复销率为105.3%;健康咨询服务需求高涨,复销率为122.1%。四是住宿和餐饮业受疫情冲击大,住宿业复销率为58.4%,餐饮业复销率为83.7%,其中,智能化、线上餐饮消费趋势加速,餐饮配送及外卖送餐服务复销率为118.3%。

6. 外贸出口保持基本平稳,国外疫情冲击影响初步显现

2020年上半年,全市累计出口额为1687亿元,恢复到上年同期的

91.8%,其中4~6月份出口额达1013亿元,同比增长1.7%,出口形势保持平稳。国际疫情的持续蔓延,世界各国不同程度地出现生产停滞和供给阻断,出口需求不足的影响日益加剧。受此影响,重庆对美出口下降9.5%、对德国出口下降6.4%,但对共建"一带一路"国家出口增长5.7%。

三 问题和建议

(一)值得关注的问题

1. 宏观税收产出率不高,直接税占比相对较低

重庆虽然是西部大开发的重要战略支点,"一带一路"和长江经济带的联结点,但税收产出率不高。一线发达城市拥有众多总部企业和先进产业,税源更容易因产业链传导而聚集,税收收入更容易集中,"头部效应"明显,税收产出率相对更高。2019年,重庆税收产出率为12.4%,比全国平均水平低3.5个百分点(见图3)。

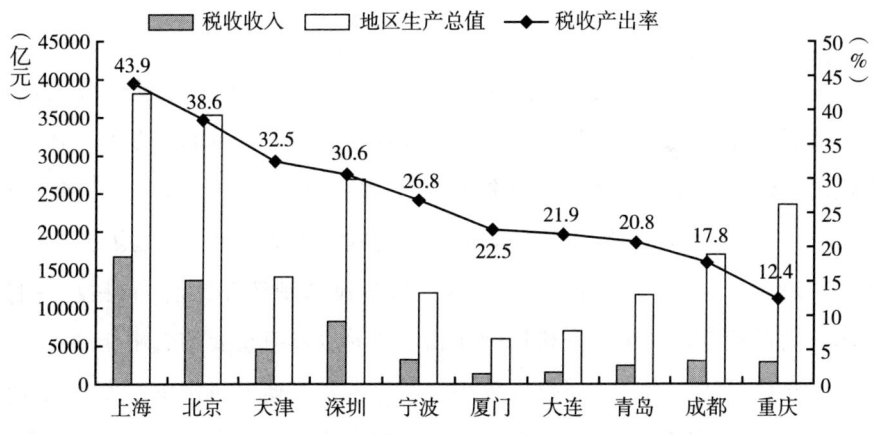

图3 2019年全国部分城市税收产出率

资料来源:根据国家统计局、国家税务总局会统报表整理。

所得税是对资本投入（企业经营、股息红利等）、劳动力（工资薪金、劳务所得）等要素报酬征收的税种。2019年重庆所得税在税收收入中的占比为25.1%，与北京、上海、深圳、厦门等东部沿海城市相比仍有较大差距。从资本报酬来看，企业所得税反映市场主体经营质量和利润水平，重庆市企业所得税占比19.7%；从劳动报酬看，个人所得税反映劳动力规模和薪酬水平，重庆个人所得税占比5.4%（见表1）。税收结构显示，全市要素报酬相对较低，投资回报率不高，这也影响到了投入产出效率以及吸引外来资本和高素质人才。

表1　2019年全国部分城市所得税规模比重统计

单位：亿元，%

项目		北京	上海	深圳	厦门	武汉	重庆
所得税合计占比		57.6	31.3	34.3	35.2	28.1	25.1
企业所得税	金额	6501.1	3745.0	2088.7	256.9	644.6	575.7
	占比	47.6	22.3	25.3	19.6	22.5	19.7
个人所得税	金额	1363.1	1509.3	740.8	210.4	158.6	158.2
	占比	10.0	9.0	9.0	15.6	5.6	5.4

资料来源：根据国家税务总局报表整理。

2. 高新技术产业相对滞后，对传统制造业依赖度大

重庆在生物药品制品制造、新能源车整车制造、航天器及运载火箭制造、电子元件及电子专用材料制造、仪表仪器制造业等方面与东部发达地区差距仍然较大。以新能源车整车制造业为例，2019年重庆仅实现税收收入539万元，占全国新能源汽车整车制造业税收比重为0.4%，远远低于重庆整车制造业占全国2.1%的税收比重。高新技术制造业具有高科技、高投入、长周期特点，对于引领科技创新和产业升级具有重要的战略作用。重庆相较于东部发达城市，科研投入较小，一流高校与研究机构少，尖端人才储备不足，严重制约了重庆高新技术制造业向上突破。相反，重庆对卷烟制造等传统制造业依赖度较大。2019年重庆卷烟制造业税收占制造业税收比重为15.6%，比长三角地区高5.1个百分点。设备制造业是重庆优势产业之一，但随着产业升级、技术迭代，优势减弱。2019年设备制造业税收实现40.8亿元，占制造业税收的5.6%，比长三角地区低5.5个百分点。

3. 现代服务业发展程度相对不高，成长潜力较大

现代服务业的发展程度是一个地区经济发展程度的重要评判依据。总的来看，重庆现代服务业发展存在四个方面的不足。一是税收规模相对较小。2019年重庆主城都市区税收仅为1507.2亿元，比成都少213.4亿元。二是从业人员专业能力有待提高。与其他城市相比，重庆仍较为缺乏金融、5G、工业互联网、医疗等高素质人才，相关领域的企业也较少。截至2019年末，重庆有高新技术企业3141户，比成都（4149户）少1008户。2019年重庆受理专利申请6.7万件，比成都（8.1万件）少1.4万件。创新动力不足，导致高精尖产业发展乏力。此外，从事服务工作的员工服务理念和业务素质也有待提升。三是未能充分利用现有资源。重庆各地丰富的自然文化资源，是重庆发展文旅产业的优势。目前，重庆仍未充分利用好比较优势。重庆主城都市区有5A级景区6个，比成都多5个，但旅游收入仅为成都的75.0%，平均每位旅客产生的收入仅为成都的50.2%。四是重庆各商圈同质化发展现象较明显。各商圈经营范围雷同，缺乏特色，目标人群重叠，严重制约了重庆现代服务业的发展。

4. 对外开放水平较低，出口状况有待改善

外商投资企业税收贡献和外贸依存度是一个地区对外开放程度的两个重要指标。2019年重庆外商投资企业税收贡献占比为13.8%，低于上海（36.2%）、广东（21.7%）和北京（20%）。对外贸易依存度为24.5%，与排名靠前的其他主要城市差距巨大。受制于发展历史、地理、交通等因素，重庆对外开放水平较低，离西部大开发重要战略支点、"一带一路"和长江经济带联结点目标定位仍有差距。重庆的出口状况存在以下问题：一是海关出口货物总值较小，2019年重庆海关出口货物总值为3712.92亿元，占全国出口货物总值（172300亿元）的2.2%，远低于上海（21.6%）、深圳（18.7%）、南京（7.5%）、宁波（7.0%）和青岛（6.3%）；二是出口企业多处于产业链低端，重庆来料加工贸易总值占出口总值的68.2%，一

般贸易占比仅为26.8%，远低于全国平均水平（57.8%），表明重庆出口外贸企业尚处于来料加工贸易的产业链低端，总体竞争力不强；三是出口商品类别高度集中，计算机及零部件、摩托车及零部件合计占比超六成，抗外部环境风险能力较差；四是出口运输方式较单一，绝大部分（73.5%）的出口由水路运输实现，航空运输占比仅为19.4%，有待建设综合立体的交通系统，为国际贸易提供更加便捷高效的物流支持。

5. 疫情影响较大，部分企业发展信心不足

一是消费需求受到抑制。文体用品销售量为上年同期的82.1%，正餐服务收入为上年同期的80.7%，旅馆收入为上年同期的62.5%，教育收入为上年同期的68.1%，电影放映收入为上年同期的18.0%，体育业收入为上年同期的62.1%，休闲观光收入为上年同期的35.6%。二是国际疫情导致国内零配件和生产设备出口下降。2020年上半年满足最终需求的消费品恢复速度明显快于零配件和生产设备，消费品出口额为同期的145%，分别快于零配件和生产设备47个和46个百分点，反映出世界主要工业国生产扩张需求在持续下降或全球产业链的重新布局，将对重庆出口发展形势造成二次冲击。三是疫情对企业发展的信心造成较大影响。重庆1.63万户的分层抽样企业调查问卷结果显示，仅有47.6%的企业资金链可维持3个月以上，21.2%的企业上半年裁员规模超过5%，71.1%的企业对发展预期持悲观态度。

（二）促进重庆经济发展的建议

1. 巩固壮大优势产业和高新技术产业，打造经济发展增长极与动力源

充分发挥产业引领带动作用。遵循空间集中化规律，畅通资金、土地、技术、人力、信息、政策等各类市场要素流动渠道，挖掘汽车制造、电子信息等产业已有优势，合理规划产业区域布局，推动区域整体协调发展。重庆要在一体化建设中，找准产业发展优势和短板，巩固发展汽摩、笔电等优势集群产业，弥补弱项产业，对制造业进行智能化改造，扶持精益型中小制造企业做大做强，提升重庆发展能级。推进重庆科学城建设，建设国家级科创中心，吸引和对接科创资源，加快聚集高端资源要素，做好大数据智能化创

新与核心科技攻关，大力发展高新技术产业，特别是尖端技术制造业。在"一区两群"发展战略下，优先发展好主城都市区，把重庆主城区打造成为成渝经济圈经济发展最活跃的增长极和动力源。

2. 利用政策和资源优势，促进现代服务业发展

在大数据、物联网和人工智能等"四新"方面发力，推进国家数字经济创新发展试验区建设，加快现代服务业发展。一是大力发展金融业。以建设内陆国际金融中心为契机，建设功能完善、产品丰富的金融交易市场，为企业产权交易提供便捷渠道。利用税收优惠等政策大力引进金融机构总部，提升重庆金融实力。二是大力引进高新技术人才。人才是产业发展的关键因素。"北上广"等发达地区因为房价和环境等因素，高新技术人群聚集效应持续放缓。重庆应加快实施人才引进战略，对来渝工作的高学历人群提供住房补贴和生活补助，通过提升高技术人群薪资收入和生活质量，吸引人才聚集。三是大力发展文旅产业。充分利用重庆丰富的自然文化资源，打好"三峡、山城、人文、温泉、乡村"五张牌，推动文化旅游产业融合发展。目前，重庆拥有242个A级旅游景区、17个市级以上旅游度假区，旅游资源极为丰富。结合全市的生态优势，依托巴蜀文化长廊建设，通过互联网平台打造一系列高质量文旅"网红景点"，提供精品文旅路线，促进旅游产业全面提升，拉动相关产业发展。四是提升现代服务业质量。针对主城都市区核心商圈营业范围和目标人群重叠的现状，科学规划各商业中心定位和功能，加快发展"首店经济""夜经济"，提升商圈影响力，增强对周边省市居民的辐射效应，吸引周边省市居民来渝消费。

3. 坚持对标世界一流，营造优良营商环境

根据世界银行公布的《全球营商环境报告2020》，中国营商环境排名全球第31位，较上年提升15位。我国营商环境排名的提升，重庆表现不俗，但仍有较大的上升空间。重庆要结合世界银行考察全市营商环境契机，促进营商环境优化。一是坚持目标导向，采取"比照借鉴"，参照国际做法并结合自身实际，将关键因素列出清单，对标国际最好水平，细分问题、找原因，以目标为导向尽快整改优化，赶超一流。二是坚持问题导向，以消除社

会反映最强烈、与经济社会发展关系密切的问题作为抓手，发扬钉钉子精神，步步紧逼、层层深入，直至彻底解决问题，达到最佳标准。三是坚持结果导向，以科学的态度、敢为人先的精神，锐意改革创新，广开民智寻求积聚八方资源的软环境、好平台，以国际国内一流的营商软环境，占领对外开放新高地。

4. 提升外资引进质量，优化出口结构和加强交通枢纽建设

针对对外开放程度不高、外商投资企业税收贡献不大的问题，进一步提升外资引进质量。一是明确引进外资重点领域。建议明确引进外资的重点行业领域为高技术制造业、战略性新兴产业，同时鼓励外资利用并购方式推动国内企业改组升级，提高效益，提升外商投资的税收贡献。二是加快培育外贸新增长点。推进跨境电子商务、保税商品展示及保税贸易、跨境结算和投融资便利化，大力扶持新业态新模式发展，以跨境电商平台为牵引，推动外贸企业与跨境电商平台积极对接。三是推动产业结构升级调整。通过财税政策补贴和精准产业扶持，提升高技术产业比重，为出口企业向产业链高端聚集创造条件。四是完善交通枢纽建设。充分利用长江黄金水道、嘉陵江和乌江等优势，进一步畅通水运网络，发挥水运优势，降低大宗商品货运成本；持续加快铁路干线和综合航空枢纽建设，高效用好"渝新欧"国际铁路联运大通道，大力提升铁路、航空出口运输方式占比，提高出口运输整体能力。

5. 发挥政府职能作用，增强企业发展信心

一是加大力度支持重点行业全面复产。进一步加大对工业、房地产业、建筑业、金融业等重点税源行业的支持力度，借力新基建、新物流、智能化、数字化等新产业、新模式、新业态，培育新的经济增长点。二是千方百计释放消费潜力。通过发放购物、旅游等行业消费券，举办促销活动等方式，全面落实各项扶持政策，释放消费潜力；促进线下、线上融合发展，鼓励零售、餐饮、教育等服务企业充分利用互联网、大数据促进传统服务企业转型升级，把疫情催生的新型消费、升级消费培育壮大。三是内外并举拓宽销售渠道。外贸工作重心转向保订单、保市场，引导企业主动转变市场战

略，适度收缩疫情严重国家销售渠道，拓展非疫情国家或疫情控制较好国家的市场和国内市场。用活用好支持企业复工复产的各项优惠政策，降低企业税收成本，通过出口转内销的方式缓解出口不足的压力。

参考文献

世界银行：《全球营商环境报告2020》，2019。

城市篇
Cities and Districts

B.7 2019~2020年青岛税收发展报告

胡晓晖*

摘　要： 2019年，青岛经济运行基本平稳，产业结构优化，投资结构改善，消费结构升级；外贸保持较快增长，财政金融运行平稳，物价总体稳定，减税降费的显著成效和高质量的收入组织为全市经济转型升级做出了积极贡献。2020年以来，受新冠肺炎疫情以及税收政策性优惠减免等因素影响，2020年第一季度青岛税收收入出现较大幅度下滑，但体现了一定的韧劲和潜力。国内疫情态势趋缓，经济税源逐渐复苏，但国际疫情的严峻，依然对全市外向型经济带来较大冲击。受翘尾减税和部分重点企业减收的影响，2020~2021年青岛经济税收形势依然严峻复杂，应注重提升政治站位，落实落细减税降费政策；严守收入原则，实现税收的高质量发展；应强化信

---

* 胡晓晖，国家税务总局青岛市税务局税收经济分析处一级主任科员，注册审计师，主要研究方向为税收政策与理论研究、税收经济分析。

息共享，持续增进办税缴费便利；应深化"放管服"改革，营造法治公平税收营商环境。

关键词： 经济发展　减税降费　青岛

一　2019年青岛税收运行情况

总体来看，2019年青岛全市经济运行基本平稳，产业结构优化，投资结构改善，消费结构升级；外贸保持较快增长，财政金融运行平稳，物价总体稳定。2019年全市实现生产总值10949.38亿元，比2018年增长6.5%，固定资产投资比上年增长21.6%，社会零售品总额比上年增长8.1%，货物出口总额比上年增长11.2%，居民人均可支配收入比上年增长8.2%。其中，第一产业增加值为409.98亿元，同比增长1.6%；第二产业增加值为4182.76亿元，同比增长4.7%；第三产业增加值为7148.57亿元，同比增长8%。三次产业结构调整为3.5∶35.6∶60.9，与2018年相比，第三产业占比首次突破60%。

全年组织各项税费收入（不含海关代征）为1971.46亿元；其中，国内税收完成1764.1亿元，同比增长2.6%；2019年征缴社会保险费和职业年金为142.77亿元，同口径同比增长2.6%；组织非税和其他收入为64.59亿元，同比增长0.8%。一般公共预算收入为1241.7亿元，同比增长0.8%。减税降费的显著成效和高质量的组织收入成果为全市经济转型升级做出了积极贡献。

（一）国内税收稳中有升，经济税收协调发展

2019年，在经济下行压力加大和大规模减税背景下，全市国内税收增长2.6%。从走势看，税收增幅呈现前高、中低、后升态势。2019年第一季度全市税收比上年增长7.6%，实现良好开局；随着大规模减税效应显现，第二、第三季度税收增幅分别下降2.5%和10.9%；第四季度在免抵调库和

房地产税收回升的拉动下，全市税收比上年增长17.9%，进一步带动全年税收企稳回升。剔除减税、缓税、免抵调库等特殊因素后，全市实际税源比上年增长9.5%，高于GDP增速，经济税收基本实现协调发展。横向比较看，全市国内税收增幅高于全国平均增幅（2.1%）0.5个百分点，低于山东（2.9%）0.3个百分点（见图1）；在计划单列市中排第三位，高于大连（-4.6%）、厦门（0.7%），低于宁波（3.2%）、深圳（6.2%）。

按照税款入库期口径，2019年全市新增减税减少国内税收226.17亿元，拉低2019年国内税收增幅13.1个百分点，若将新增减税还原，2019年国内税收比上年增长15.7%。

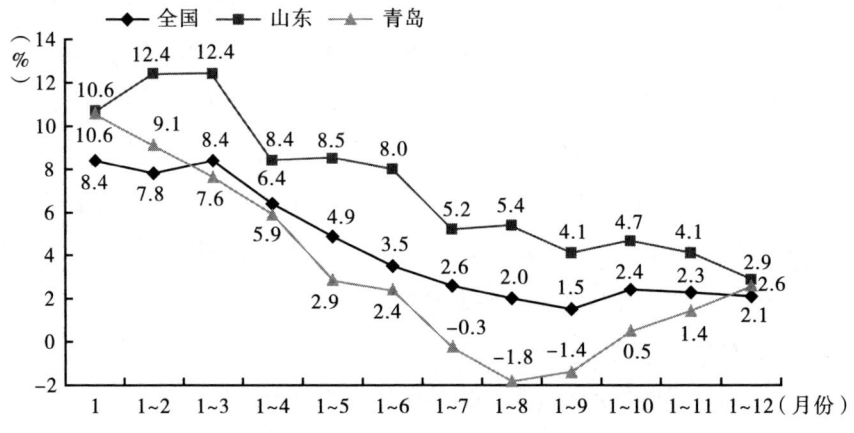

图1 2019年全国、山东、青岛税收增幅走势比较

（二）中央级税收稳定增长，地方级税收受减税影响略降

分级次看，2019年中央级税收完成863.98亿元，同比增长5.8%；剔除成品油上划，完成地方级税收895.26亿元，同比下降0.4%，主要是山东和青岛出台的降低城镇土地使用税单位税额标准、降低印花税核定征收比例、降低土地增值税预征率等地方性减税政策主要集中在地方税种，对地方级税收减收影响更大。横向比较看，青岛地方级税收增幅低于全国平均增幅（1.4%）1.8个百分点，高于山东全省（-0.8%）平均增幅0.4个百分点

（见图2），在计划单列市中排第四位，高于大连（-7.1%），低于深圳（5%）、宁波（3.3%）、厦门（0.1%）。

按照税款入库期口径，2019年1~12月青岛全市新增减税减少地方级收入126亿元，拉低2019年地方级税收增幅14个百分点，若将新增减税还原，2019年地方级税收增长13.6%。

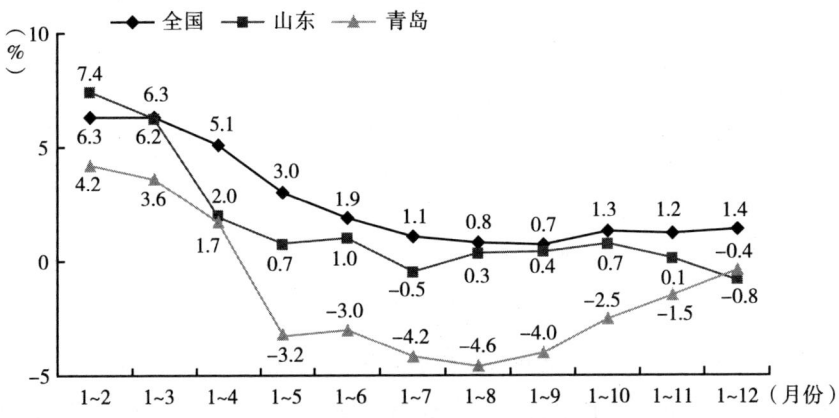

图2　2019年全国、山东、青岛地方级税收增幅走势比较

（三）传统行业贡献突出，新兴行业增势良好

从结构看，制造业实现国内税收640.08亿元，占全市国内税收的比重为36.3%。批发零售、金融业和房地产实现国内税收737.71亿元，占比为41.8%；上述四个主要传统行业国内税收合计占比78.1%，是全市税收的主要来源。随着新旧动能转换深入推进，新兴行业如软件和信息技术服务业、科学研究和技术服务业国内税收分别完成21.8亿元和27.17亿元，分别增长12.5%和15.8%，快于全市税收增速9.9个和13.2个百分点，发展潜力巨大。

（四）减税带来税种增速分化，九大主体税种五增四降

分税种看，中央级税种消费税完成199.33亿元，同比增长23.2%。三

个共享税种中,增值税完成721.2亿元,同比增长10.6%,主要是在免抵调库拉动下,抵消了降低税率的影响;企业所得税完成357.34亿元,同比下降2.8%;个人所得税完成87.69亿元,同比下降28.1%,主要受减税降费影响。地方税种中,契税完成90.03亿元,同比增长16.3%,主要受土地出让金收入增长拉动;房产税完成37.5亿元,同比增长4.3%;城建税完成62.02亿元,同比增长0.1%;受地方减税政策影响,城镇土地使用税和土地增值税分别完成41.46亿元和95.63亿元,分别同比下降7.3%和16.3%。

(五)区域税收五升一平五降,税收增长重心外移

从地方级税收分区域完成情况看,2019年全市11个区(县、市)呈现5升1平5降格局,整体呈现内降外升分布,表明青岛全市主城区税收下沉较深,税收增长重心外移。高新区(11.1%)、胶州市(14.7%)和莱西市(36.1%)分别受房地产、免抵调库和招商引进的资源回收利用企业拉动,实现两位数增长,即墨区主要受一汽大众翘尾增收带动地方级税收增长7.7%;西海岸新区(-0.1%)受大炼油年中停产检修影响,地方级税收持平略降;市南区、市北区受税源迁移、辖区房地产项目萎缩影响,地方级税收分别下降14.9%和13.8%,李沧、崂山区分别下降5.2%和3.0%,城阳区受中车和庞巴迪减收影响,地方级税收下降1.1%(见图3)。

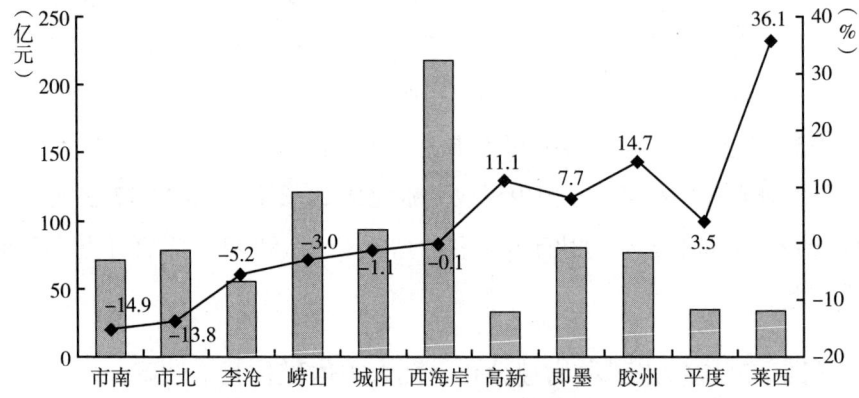

图3 2019年青岛各区(县、市)地方级税收完成情况

（六）减税降费助推投资平稳增长

按照税款入库期统计，2019年减税降费合计减少国内税收226.17亿元，换算地方级税收126亿元。其中，2019年新出台减税政策实现减税116.68亿元；2018年政策延续和翘尾实现减税78.3亿元；山东和青岛单独出台的地方性减税政策实现减税31.19亿元。用税收收入的"减法"换取企业收益的"加法"和市场活力的"乘法"，助推青岛经济高质量发展。2019年青岛新办纳税人有14.44万户，比2018年新办纳税人增加了3.24万户。减税降费对稳生产、稳投资带来积极的作用。

从全市增值税发票数据看，2019年全市企业开具发票金额为38291.07亿元，同比增长10.7%，其中，制造业企业开具专用发票同比增长10.4%；全市企业购入发票金额为30952.5亿元，同比增长10.2%，其中企业购入设备金额为1363.95亿元，同比增长7.9%，近四个月呈逐月上升趋势。根据统计局数据，2019年1~11月全市固定资产投资增长21.3%，分别比2019年第一季度、上半年和前三季度提升15.0个、13.8个和6.0个百分点，体现出减税降费政策红利对投资有较好的促进作用，通过积极扩大高质量的投资，进一步促进经济增长、结构优化和新旧动能转换。

二 2019年青岛主要行业经济发展和税收增减收因素分析

（一）制造业

2019年，青岛实现工业增加值3159.86亿元，增长2.8%，占GDP的比重为26.9%，对全市GDP贡献率为13.9%。从规模以上工业看，35个工业大类行业中有20个行业增长，行业增长57.1%。其中，铁路、船舶、航空航天和其他运输设备制造业增加值增长17.3%，仪器仪表制造业增长17.2%，非金属矿物制品业增长16.9%，电气机械和器材制造业增长

9.4%，专用设备制造业增长8.5%。规模以上工业出口交货值增长5.4%，出口交货值占销售产值比重为15.5%。新动能持续发力，新产业新技术发展势头良好，全市规上装备制造业增加值增长6.6%，规上战略性新兴制造业增加值增长4.6%，均高于规模以上工业增加值增速。从工业投资看，工业战略性新兴产业投资增长24.0%，高技术制造业投资增长26.8%，分别高于全市投资增速2.4个和5.2个百分点；工业技改投资增长29.7%，高于全市投资增速8.1个百分点。工业领域板块的活跃为经济税收的发展带来了足够的后劲。

2019年全市制造业实现国内税收640.09亿元，同比增长8.1%，增收47.77亿元。从具体行业大类看：

1. 石油、煤炭及其他燃料加工业

2019年青岛石油、煤炭及其他燃料加工业实现国内税收147.71亿元，同比增长11.4%，增收15.14亿元。主要受免抵调库增加11.81亿元以及入库缓缴消费税比同期增加17.23亿元拉动，另外，大炼油5月下旬停产检修，造成国内税收减收17.65亿元。

2. 金属制品业

2019年青岛金属制品业实现国内税收34.39亿元，同比增长26.6%，增收7.22亿元。主要受免抵调库增加4.79亿元以及青岛中集冷藏箱制造有限公司和青岛中集特种冷藏设备有限公司两大企业厂房搬迁，获得政府补偿收入缴纳企业所得税3.77亿元一次性因素拉动。

3. 汽车制造业

2019年青岛汽车制造业实现国内税收48.56亿元，同比增长23.6%，增收9.26亿元。青岛三大整车制造企业一增两降。一增为一汽大众汽车有限公司青岛分公司2019年5月投产，同期基数较低，2019年增收14.74亿元。两降为一汽解放青岛汽车有限公司2019年实现国内税收4.44亿元，同比下降2.5%；上汽通用五菱汽车股份有限公司青岛分公司2019年实现国内税收12.73亿元，减收2.5亿元，同比下降16.4%，主要受2019年以来乘用车市场整体需求疲弱的影响。

4. 铁路、船舶、航空航天和其他运输设备制造业

2019年青岛铁路、船舶、航空航天和其他运输设备制造业实现国内税收41.54亿元，同比下降9.4%，减收4.31亿元。主要是因为中车青岛四方机车车辆股份有限公司消化22亿元留抵，1~4月份基本无增值税实现，导致目前国内税收累计减收4.27亿元；青岛四方庞巴迪铁路运输设备有限公司受增加原材料采购以及本年企业所得税汇算清缴退税0.5亿元（去年汇缴入库1.15亿元），2019年国内税收减收1.33亿元。

（二）建筑业

2019年青岛建筑业实现国内税收94.53亿元，同比增长2.8%，累计增幅从11月开始由负转正。从行业大类看，房屋建筑业、土木工程建筑业和建筑装饰、装修和其他建筑业等3个行业大类分别实现国内税收26.88亿元、22.47亿元和18.79亿元，分别同比增长31.5%、4.9%和6.9%；建筑安装业实现国内税收26.38亿元，同比下降18.8%，主要是因为2018年上合峰会召开工程量增加，使得2018年同期基数较高，2019年下降较大，从而拖累整个建筑业税收增速。

（三）批发和零售业

随着青岛居民生活水平不断提高，消费整体呈现升级态势，消费结构在不断调整中优化升级，城镇消费品零售额增长7.6%，乡村消费品零售额增长10.3%。在此带动下，2019年青岛批发和零售业实现国内税收195.1亿元，同比增长5.7%，增收10.6亿元。其中，批发业税收完成163.34亿元，同比增长4.5%；零售业税收完成31.77亿元，同比增长12.6%，增收3.57亿元，一是受前三季度青岛社会消费品零售总额增长7.9%拉动，二是发展平台经济引进资源回收利用企业（归属旧货零售行业小类）带来增收1.85亿元。

（四）交通运输、仓储和邮政业

2019年青岛交通运输、仓储和邮政业实现国内税收52.63亿元，同比

下降1.9%，减收1.02亿元。分税种看，交通运输、仓储和邮政业实现增值税15.97亿元，同比增长4.9%；实现企业所得税25.34亿元，同比增长0.4%；实现个人所得税2.62亿元，同比下降44%，减收2.06亿元，个税减收是造成行业税收下滑的主要因素。

（五）金融业

金融存贷款总额是衡量城市金融能力的关键数据，也是体现城市实体经济运行状况的重要参考指标。2019年，青岛本外币各项存款余额为17876亿元，较年初增加1752亿元，比上年增加760亿元；各项贷款余额为18210亿元，较年初增加2071亿元，比上年增加378亿元。2019年，金融业实现国内税收156.27亿元，同比增长7.5%，增收10.92亿元。虽然金融业整体税收实现较好增长，但税收增长来自主业的较少，除2018年出台资管产品纳税新规翘尾影响带动金融业增值税增收8.05亿元之外，其他税收增长主要来自平台公司受让或转让资产，对金融业整体税收拉动较大。

（六）房地产业

2019年青岛房地产业实现国内税收386.34亿元，同比下降1.1%，减收4.26亿元，在9~12月份新房成交量放大的拉动下，国内税收降幅有所收窄，比前三季度（-5%）回升3.9个百分点。总体来看，2019年房地产业税收下滑主要受住房成交下滑、土地增值税预缴和房地产企业预缴利润率下调影响。一是2019年青岛住宅（新建和二手合计）成交量同比下降10.6%，造成房地产业税源减少；二是青岛从2019年起将土地增值税预征率从之前的2%~5%，降为2%~3.5%，减少土地增值税预缴收入，再叠加楼市成交下滑带来的影响，2019年房地产业土地增值税下降21.6%，减收22.13亿元；三是青岛从2019年起将房地产企业预缴利润率从20%下调至15%，减少房地产企业所得税预缴8.38亿元。

（七）住宿和餐饮业

2019年青岛住宿和餐饮业实现国内税收6.06亿元，同比下降12.7%，减收0.88亿元。分税种看,增值税完成2.58亿元,同比下降10.8%,减收0.31亿元,主要原因受提高小规模纳税人免税标准和增值税改革减收0.51亿元影响;企业所得税完成1.16亿元,同比下降0.8%,减收0.01亿元,主要受放宽小型微利企业标准减收0.1亿元影响;个人所得税完成0.63亿元,同比下降48.1%,减收0.59亿元,主要原因是行业从业人员平均薪资水平较低,使得个税减收效应明显。

三 新冠肺炎疫情对2020年第一季度青岛经济税收的影响

2020年以来,受新冠肺炎疫情以及税收政策性优惠减免等因素影响,2020年第一季度青岛税收收入出现较大幅度下滑,但下降幅度在计划单列市中仅高于宁波,体现了一定的韧劲和潜力。由于税收与企业经营成果间的时间性差异,具有滞后性,因此,全市税收在各月份的表现呈现不同态势。

1月与常年相比,税收收入增长基本保持自然增长态势,未受疫情影响。2月,增值税发票开票数据显示,全市纳税人开票金额同比下降20%。其中,占全市税收比重近八成的制造业、房地产业、批发和零售业开票金额分别下降22.%、64.5%和13.2%。尤其是住宿餐饮业,开票金额同比下降70.7%。从税收收入占比55%的重点税源企业数据看,2月开票金额为615.9亿元,约占全市开票金额的46.3%,同比下降28%,降幅高于全市平均降幅8个百分点。其中,房地产重点税源企业2月份开票金额同比下降74%,因此地方级税收收入下降60%以上。

3月,受疫情、翘尾减税、新办缓税增加和跨期缓缴入库等因素影响,地方级税收收入降幅将在40%左右。全面落实支持疫情防控和经济社会发展税费优惠政策,由此新增减税约1亿多元;帮扶企业渡过难关,预计缓缴税款20多亿元;为减少国外疫情影响,稳定外贸出口,免抵退调库约减收23亿元。综上因素,国内税收第一季度减收约130多亿元,拉低第一季度国内税收增幅27个百分点。

综合各方面经济和税收数据，随着国内疫情防控态势趋缓，经济税源逐渐复苏，但是国际疫情的严峻，对全市外向型经济会带来较大冲击。

四 2020~2021年青岛税收收入增长建议

受翘尾减税和部分重点企业减收影响，2020~2021年青岛经济税收形势依然严峻复杂，应以习近平新时代中国特色社会主义思想为指导，全面贯彻落实党的十九届四中全会精神，持续深入学习领会中央经济工作会议精神，坚决把思想和行动统一到党中央对当前形势判断和明年经济工作的决策部署上来，全面对接市委、市政府重大战略部署，紧盯目标任务，抓好细化分解，落实新发展理念，推动高质量发展。

（一）提升政治站位，落实落细减税降费政策

积极落实党中央、国务院支持疫情防控和经济社会发展税费优惠政策，加强关于明确房、土两税减免政策执行口径等工作，将国家税费优惠政策细化到政府出台的各项措施中，形成一揽子扶持政策。逐项做好系统调整、政策培训、效应分析工作，尤其是对龙头企业量身定制减税缓税措施，支持大企业迅速复工复产；与银行等金融机构深度合作，开展"线上银税互动"。严格落实"实打实、硬碰硬"工作要求不放松，加强政策衔接、宣传辅导和服务管理，着力解决纳税人集中反映的问题，确保每一名纳税人都能应享尽享税收优惠政策，不断提升纳税人的获得感，为市场主体减负担、强信心，为经济发展增活力、添动能。落实落细减税降费，支持企业复工复产用力。

（二）严守收入原则，实现税收高质量发展

坚持法治思维，坚决落实好国家税务总局"三个务必、三个坚决"要求，坚决杜绝收"过头税费"等违规行为，密切关注宏观经济运行和行业发展态势，密切对接上合组织地方经贸合作示范区、山东自由贸易试验区建设以及全市"15个攻势"等重大工程项目，加强形势研判，科学统筹调度，确保税收持续、健康、高质量发展。随着统筹疫情防控和经济社会发展一系

列政策措施落细落实，企业生产经营活跃度不断提升，税务部门应紧抓生产、需求复苏提速的有利时机，依法依规做好组织收入工作。一是打造增值税发票风险监测分析新模式，依托国家税务总局在青岛设立的全国增值税发票和出口退税风险监测分析中心，探索创建中心聚合、下游过滤和上游追踪监控模型，发挥税务、公安、海关、人民银行四部门联合机制作用，严厉打击虚开、骗税和骗取国家税务优惠政策犯罪；二是依托风险分析经验和风险应对反馈，定位税收风险敏感度高的重点事项或行业，开展税收风险分析；三是加大国际税收管理力度，规范大额对外支付、股权转让、享受协定待遇的后续管理，破解间接股权转让管理难题。

（三）强化信息共享，持续增进办税缴费便利

扩大涉税信息采集，实现政府部门信息、互联网信息、税务部门征管信息的互联互通、一体化存储、深度挖掘和增值利用；借助大数据、互联网、人工智能等信息化手段，不断拓展控管税费新方式；加强部门协同共管，提高税费社会化管理水平，降低征收成本。深挖细挖数据价值，运用增值税发票数据分析复工复产情况，帮助企业尽快恢复正常生产经营秩序。通过税收大数据强化供需匹配，打通上下游链条，助力企业恢复并加快生产经营正常化。结合全市"双招双引"工作，加强对重大建设项目的监控，及时掌握重大建设项目的税收贡献情况，准确反映"双招双引"质效，不断提升税源质量。

（四）深化"放管服"改革，营造法治公平税收营商环境

以全市建设开放、现代、活力、时尚的国际大都市为引导，规范经济税收秩序、促进社会公平正义，着力查找短板弱项，持续加强制度建设。持续开展打虚打骗专项行动，推进涉税事项套餐式服务、无纸化办税等便民措施，实现精简便民高效办税。常态化开展"非接触式"办税缴费，及时梳理公布网上办理的涉税缴费事项，推广发票"网上领、免费邮"服务，扩围非接触式办税清单事项，全面精简办税资料，大力减少办税时间，开通出口退税申报绿色通道，积极推进服务共治。

B.8
2019~2020年深圳税收发展报告

胡优良*

摘　要： 2019年8月18日《中共中央 国务院关于支持深圳建设中国特色社会主义先行示范区的意见》发布，支持深圳努力创建社会主义现代化强国的城市范例；2020年是深圳经济特区成立40周年。本文从分析深圳经济运行的基本情况出发，通过对税收总量、收入级次等内容进行分析，列举了未来三年深圳经济社会发展所面临的挑战和发展机遇，并在此基础上对深圳税收经济发展趋势进行预测，提出了紧抓"双区建设"重大历史机遇、增强深圳经济发展辐射引领作用等促进深圳税收经济社会发展的政策建议。

关键词： 税收收入　宏观税负　双区建设

一　2019年深圳经济运行情况

2019年深圳实现地区生产总值26927.10亿元，同比增长6.7%。其中，第一产业增加值为25.20亿元，同比增长5.2%；第二产业增加值为10495.84亿元，同比增长4.9%；第三产业增加值为16406.06亿元，同比增长8.1%。第一产业增加值占全市地区生产总值的比重为0.1%，第二产业增加值占全市地区生产总值的比重为39.0%，第三产业增加值占全市地

---
* 胡优良，国家税务总局深圳市税务局办公室二级调研员，主要研究方向为税收理论与政策。

区生产总值的比重为60.9%，深圳人均地区生产总值为203489元，同比增长3.0%（见图1）。

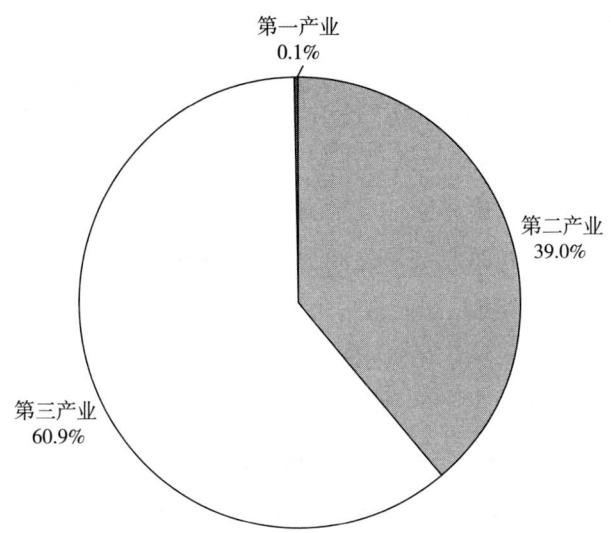

图1 2019年深圳三次产业增加值占地区生产总值比重

资料来源：深圳市统计局。

四大支柱产业中，高新技术产业增加值为9230.85亿元，同比增长11.3%，占全市地区生产总值的比重为34.3%；物流业增加值为2739.82亿元，同比增长7.5%，占全市地区生产总值的比重为10.2%；金融业增加值为3667.63亿元，同比增长9.1%，占全市地区生产总值的比重为13.6%；文化及相关产业（规模以上）增加值为1849.05亿元，同比增长18.5%，占全市地区生产总值的比重为6.9%。

全年战略性新兴产业增加值合计10155.51亿元，比上年增长8.8%，占全市地区生产总值的比重为37.7%。其中，新一代信息技术产业增加值为5086.15亿元，同比增长6.6%；数字经济产业增加值为1596.59亿元，同比增长18.0%；高端装备制造产业增加值为1145.07亿元，同比增长1.5%；绿色低碳产业增加值为1084.61亿元，同比增长5.3%；海洋经济产业增加值为489.09亿元，同比增长13.9%；新材料产业增加值为416.19亿元，同比增长

27.6%;生物医药产业增加值为337.81亿元,同比增长13.3%。

全年居民消费价格比上年增长3.4%。工业生产者购进价格比上年下降0.6%。工业生产者出厂价格与上年持平。

分行业看,规模以上工业增加值前十大行业依次为:计算机、通信和其他电子设备制造业增加值同比增长5.5%;电气机械和器材制造业增加值同比增长7.1%;专用设备制造业增加值同比增长8.9%;电力、热力生产和供应业增加值同比增长3.4%;石油和天然气开采业增加值同比增长18.5%;橡胶和塑料制品业增加值同比下降13.0%;通用设备制造业增加值同比增长7.2%;金属制品业增加值同比下降5.4%;汽车制造业增加值同比下降8.4%;医药制造业增加值同比增长10.2%。

全年全部工业增加值为9587.94亿元,比上年增长4.4%。规模以上工业增加值同比增长4.7%(见图2),在规模以上工业中,国有企业增加值同比增长43.5%;股份制企业增加值同比增长7.5%;外商及港澳台商投资企业增加值同比下降1.0%。分轻重工业看,轻工业增加值同比下降0.4%;重工业增加值同比增长5.7%。

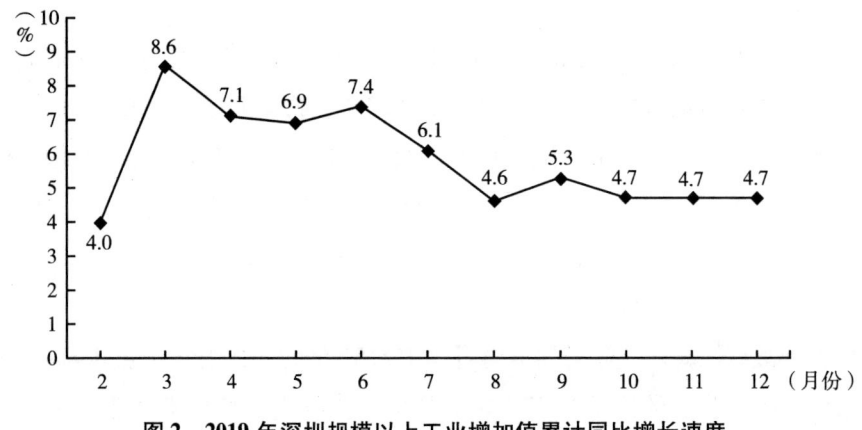

图2 2019年深圳规模以上工业增加值累计同比增长速度

资料来源:《深圳市2019年国民经济和社会发展统计公报》。

全年固定资产投资比上年增长18.8%(见图3)。其中,房地产开发投资同比增长15.9%;非房地产开发投资同比增长21.0%。分投资主体看,国有经济投资同比增长38.2%；民间投资同比增长9.2%；港澳台商经济投资同比下降0.5%；外商经济投资同比增长75.0%。

在固定资产投资中，第二产业投资同比增长12.6%，第三产业投资同比增长19.9%。工业投资同比增长11.5%，占固定资产投资的比重为14.6%，其中，工业技术改造投资同比增长20.7%。基础设施投资同比增长33.6%，占固定资产投资的比重为25.8%。

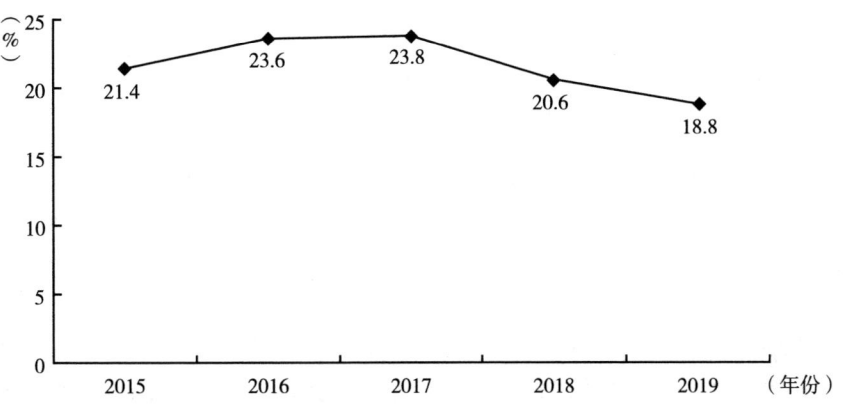

图3 2015~2019年深圳固定资产投资增长速度

资料来源：2015年、2016年、2017年、2018年、2019年的深圳市国民经济和社会发展统计公报。

全年商品销售总额为35672.97亿元，比上年增长7.8%。其中，批发销售总额为29920.38亿元，同比增长8.2%。全年限额以上商品销售中，食品饮料烟酒类同比增长17.1%；服装鞋帽针织类同比下降0.3%；体育娱乐用品类同比增长13.8%；书报杂志类同比增长16.1%；日用品类同比增长11.4%；家用电器和音响器材类同比增长2.9%；通信器材类同比增长5.9%；文化办公用品类同比增长11.0%；金银珠宝类同比下降19.3%；汽车类同比下降8.8%。

全年货物进出口总额为29773.87亿元，比上年下降0.7%。其中出口总额为16708.95亿元，同比增长2.7%；进口总额为13064.92亿元，同比下降4.7%。深圳出口总额连续二十七年居内地大中城市首位（见图4）。

图 4　2015～2019 年深圳货物出口和进口总额

资料来源：2015 年、2016 年、2017 年、2018 年、2019 年的深圳市国民经济和社会发展统计公报。

全年批发和零售业增加值为 2536.04 亿元，比上年增长 3.5%；交通运输、仓储和邮政业增加值为 765.50 亿元，同比增长 7.8%；住宿和餐饮业增加值为 447.70 亿元，同比增长 3.1%；金融业增加值为 3667.63 亿元，同比增长 9.1%；房地产业增加值为 2284.48 亿元，同比增长 8.7%。现代服务业增加值为 12101.47 亿元，同比增长 12.0%。

全年规模以上服务业企业实现营业收入为 13260 亿元，比上年增长 12.6%。其中，信息传输、软件和信息技术服务业营业收入同比增长 16.5%，交通运输、仓储和邮政业同比增长 9.1%，租赁和商务服务业同比增长 11.2%，科学研究和技术服务业同比增长 11.9%。全年货物运输总量为 34219.38 万吨，同比增长 4.4%。货物运输周转量为 2194.93 亿吨公里，同比增长 1.0%。

全年全市居民人均可支配收入为 62522.40 元，比上年增长 8.7%，扣除价格因素实际增长 5.1%。居民人均消费支出为 43112.65 元，同比增长 6.4%，扣除价格因素实际增长 2.9%。恩格尔系数为 29.4%，图 5 为 2019 年深圳居民人均消费支出及构成情况。

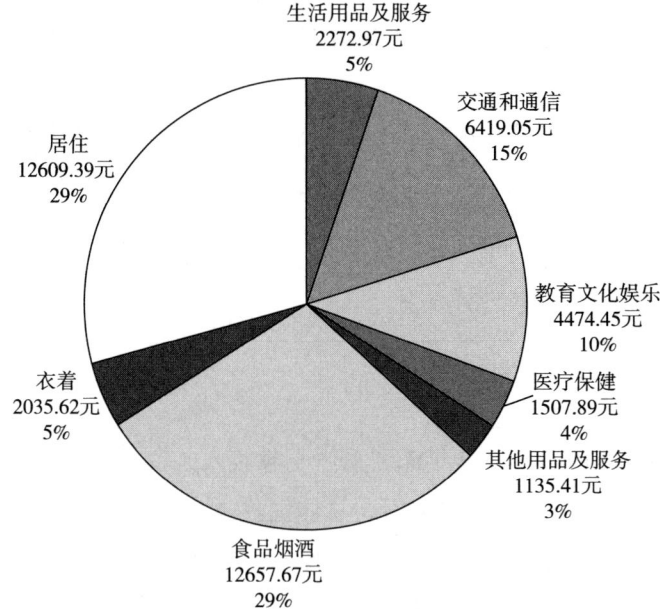

图 5 2019 年深圳居民人均消费支出及构成

资料来源：深圳市统计局。

二 2019年深圳税收收入规模

（一）深圳税收收入概况

2019年深圳总体税收收入①达到8246.99亿元，同比增长2.85%，剔除海关代征和证券交易印花税后税收收入②达到6164.02亿元，同比增长

---

① 本报告所涉及的总体税收收入口径包括海关代征收入、证券交易印花税和车辆购置税；且2016年之前不包含契税，2016~2019年包含契税；车辆购置税2005年起为国税征收，从2005年开始，总体税收收入中包含车辆购置税。
② 本报告所涉及的税收收入口径不包含海关代征收入和证券交易印花税，即总体税收收入 = 税收收入 + 海关代征收入 + 证券交易印花税；税收收入口径按入库数统计。

4.86%（见表1）。2019年印花税收入同比增长18.61%，其中，股票交易印花税收入同比增长20.99%，而2019年海关代征收入同比下降10.87%。

表1 2018～2019年深圳总体税收收入与税收收入总量及增长情况表

单位：亿元，%

年份	总体税收收入		税收收入	
	总量	2019年比2018年增长	总量	2019年比2018年增长
2018	8018.81	2.85	5878.43	4.86
2019	8246.99		6164.02	

资料来源：国家税务总局深圳市税务局。

图6反映了1995～2019年深圳总体税收收入、税收收入及其增长率的变动情况。首先，从收入总量来看，总体税收收入与税收收入在这25年间总体上呈现不断增长的趋势：总体税收收入从1995年的134.22亿元增长到了2019年的8246.99亿元，增长了60.44倍，年均增幅达18.72%，年均增长338.03亿元；税收收入从1995年的98.21亿元增长至2019年的6164.02亿元，增长了61.76倍，年均增幅达18.82%，年均增长252.74亿元。

其次，从收入增长波动状况来看，总体税收收入增长率比税收收入增长率的波动幅度要大：从总体税收收入增长率来看，其最大值出现在2007年，为72.85%，最小值出现在2008年，为-2.37%，极差①为75.22%，标准差②为0.2033③；从税收收入增长率来看，其最大值出现在1995年，为39.98%，最小值出现在2019年，为4.86%，极差为35.12%，标准差为0.0935（见图6）。由于总体税收收入是税收收入、海关代征收入与证券交

---

① 极差，又称组距，是指一组数据最大值与最小值的差值。一般而言，极差越大，则该组数据的离散程度越高；反之，离散程度越小。

② 标准差，又称均方差，是指各数据偏离平均数的距离的平均数。标准差是方差的算术平方根，反映着一组数据的离散程度。一般而言，标准差越大，代表大部分数据与其平均值之间的差异越大，数据的波动程度越大；反之，数据的稳定性越好。

③ 增长率的标准差小于等于1并不代表增长率的波动程度不显著。由于增长率在一般情况下是小于等于1的数值，因此计算得到的增长率的标准差也是一个小于等于1的数值。若无特别说明，本章其他各处均作此解释。

易印花税的总和,因此总体税收收入与税收收入波动程度的差异性主要源于进出口贸易状况的好坏与证券交易印花税收入的变动。

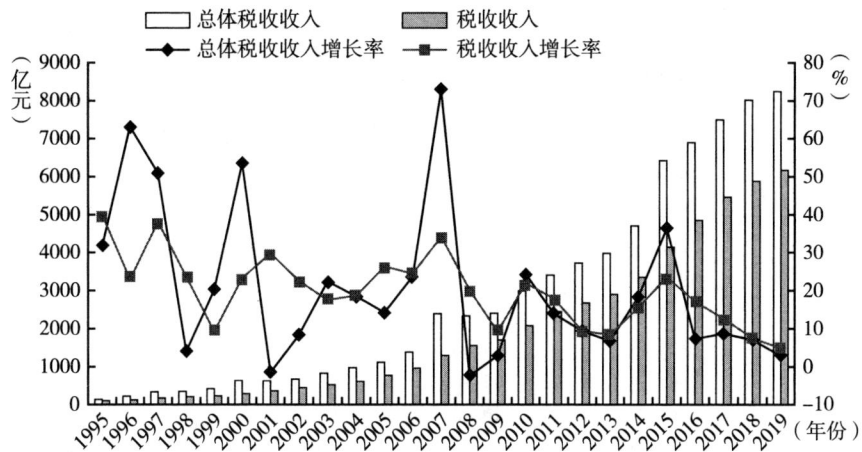

图 6　1995~2019 年深圳总体税收收入与税收收入总量及其增长率

资料来源:国家税务总局深圳市税务局。

(二)深圳 GDP 与税收收入的关系

1. GDP 总量与税收收入总量的关系分析

1995~2019 年,深圳 GDP 总量从 842.48 亿元增长到 26927.09 亿元,增长了 30.96 倍,年均增幅达 15.53%。与此同时,税收收入在此期间增长了 61.76 倍,年均增幅为 18.82%,高于 GDP 年均增幅(见表 2)。根据表 2 的数据,绘制 GDP 总量与税收收入总量的变动情况图(见图 7)。

表 2　1995~2019 年深圳国内生产总值与税收收入情况

单位:亿元,%

年份	国内生产总值(GDP)		税收收入	
	总量	同比增长率	总量	同比增长率
1995	842.48	23.80	98.21	39.98
1996	1048.44	17.20	120.70	22.90

续表

年份	国内生产总值(GDP)		税收收入	
	总量	同比增长率	总量	同比增长率
1997	1297.42	16.90	166.73	38.14
1998	1534.73	15.20	206.20	23.67
1999	1804.02	14.70	225.20	9.21
2000	2187.45	15.70	277.47	23.21
2001	2482.49	14.30	360.01	29.75
2002	2969.52	15.80	441.06	22.51
2003	3585.72	19.20	518.26	17.50
2004	4282.14	17.30	615.13	18.69
2005	4950.91	15.10	777.01	26.32
2006	5813.56	16.60	967.02	24.45
2007	6801.57	14.80	1297.30	34.15
2008	7806.54	12.10	1557.98	20.09
2009	8201.23	10.70	1701.32	9.20
2010	9510.91	12.00	2075.11	21.97
2011	11502.06	10.00	2446.49	17.90
2012	12950.08	10.00	2676.37	9.40
2013	14500.23	10.50	2901.02	8.39
2014	16001.98	8.80	3353.09	15.58
2015	17502.99	8.90	4141.79	23.52
2016	19492.60	9.00	4852.11	17.15
2017	22438.39	8.80	5465.51	12.64
2018	24221.98	7.60	5878.43	7.56
2019	26927.09	6.70	6164.02	4.86

注：除了国内生产总值的增长速度是按照可比价格计算外，本表所列其他数据均按照当年价格计算。

资料来源：深圳市统计局。

2. GDP增速与税收收入增速的关系分析

如图8所示，2019年深圳税收弹性系数为0.73，低于2018年的弹性系数0.99，下降幅度为26.26%。1995~2019年，税收弹性系数①除了在1999年、2003年、2009年、2012年、2013年、2018年和2019年低于1，其他

---

① 税收弹性系数等于税收收入增长速度与国内生产总值（GDP）增长速度的比值，即税收弹性系数=税收收入增速/国内生产总值（GDP）增速。

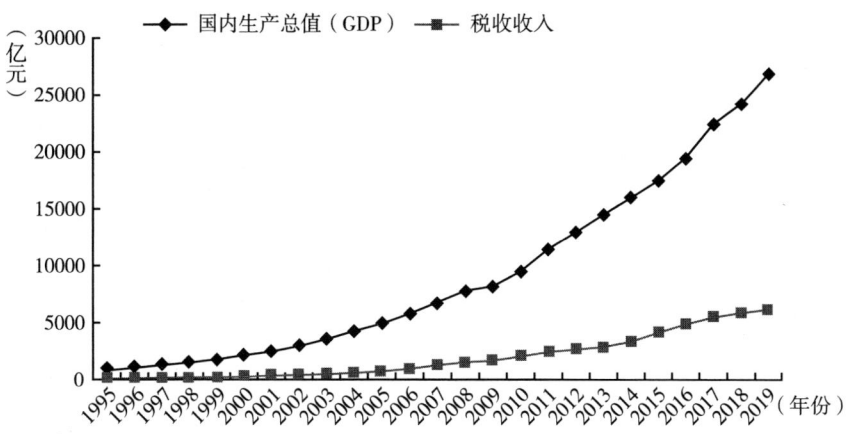

图 7　1995~2019 年深圳 GDP 总量与税收收入总量变动情况

资料来源：深圳市统计局。

年份均高于 1，并且在 2015 年达到最高的 2.64。由此可知，在大多数年份中，税收收入的增长速度大于 GDP 的增长速度，图 9 也印证了这一点。

深圳税收弹性系数在此期间的波动幅度较大，在弹性系数达到一个极大值后，该系数在接下来的 2~3 年内会呈现较为迅速的下降趋势，例如，1997 年、2001 年和 2007 年是税收弹性系数较高的年份，在这些年份之后的 2~3 年，弹性系数均达到一个极小值水平。此外 2010~2019 年也存在这种现象，在此对 2010~2019 年深圳税收弹性系数进行分段分析。2010~2013 年，深圳税收弹性系数在 2010 年实现较高的税收弹性系数 1.83 后逐年下降，甚至在 2012 年、2013 年出现税收收入增速小于 GDP 增速（即税收弹性系数小于 1）的现象，其主要原因是全市税收政策和税收制度发生了较大变动，各项优惠政策落实到位。2014~2015 年，深圳税收弹性系数实现了大幅增长，同时经济新常态导致经济增速放缓，主要是这两年税收收入实现持续增长。2014 年全市税收收入增长率为 15.58%，较上年增长 7.19 个百分点；2015 年全市税收收入增长率为 23.52%，较上年增长 7.94 个百分点。2016~2019 年，深圳税收弹性系数从 2015 年的高点开始逐渐下降，并在 2018 年和 2019 年小于 1。深圳 GDP 在 2016~2019 年不断增长，且增长速度缓中趋稳，呈现小幅的下降趋势，而深圳的税收收入在此期间的增长速度不断下降，这与深圳大力推行减税降费政策有关。以2019年为例，在中国宏观经济增速放缓的背景下，2019年深圳GDP较上年增长6.70%，增幅较2018年下降了0.9个百分点；而2019年税收收入较上年增长4.86%，较之于2018年的7.56%增幅下降了2.7个百分点，这直接导致了2019年的税收弹性系数较2018年产生大幅度的下降（见图8）。

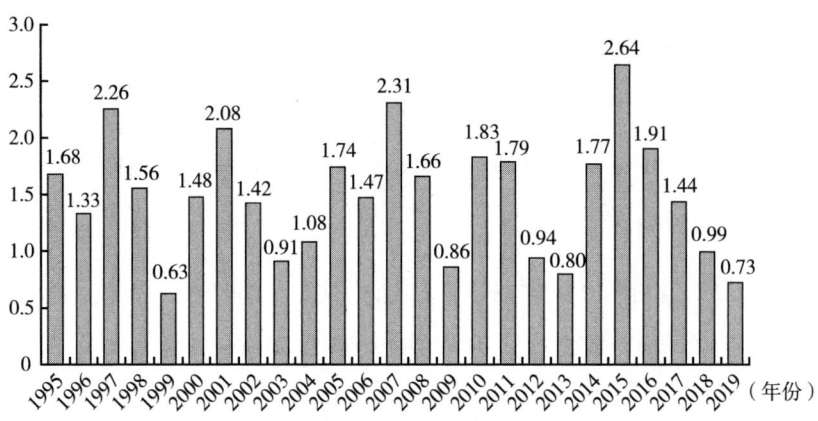

图8　1995~2019年深圳税收弹性系数

资料来源：深圳市统计局。

（三）深圳消费、投资、出口对税收收入的贡献度

1. 2019年深圳消费、投资、出口概况

2019年，全市社会消费品零售总额①为6582.85亿元，较2018年增长6.7%。其中，批发和零售业零售总额为5754.74亿元，同比增长6.1%；住宿和餐饮业零售总额为828.11亿元，同比增长11.2%。主要商品零售额中，家用电器和音像器材类同比增长15.6%，通信器材类同比增长15.3%，烟酒类同比增长5.9%，日用品类同比增长4.3%。通过互联网实现的商品

---

① 本报告使用"社会消费品零售总额"表示消费总量。

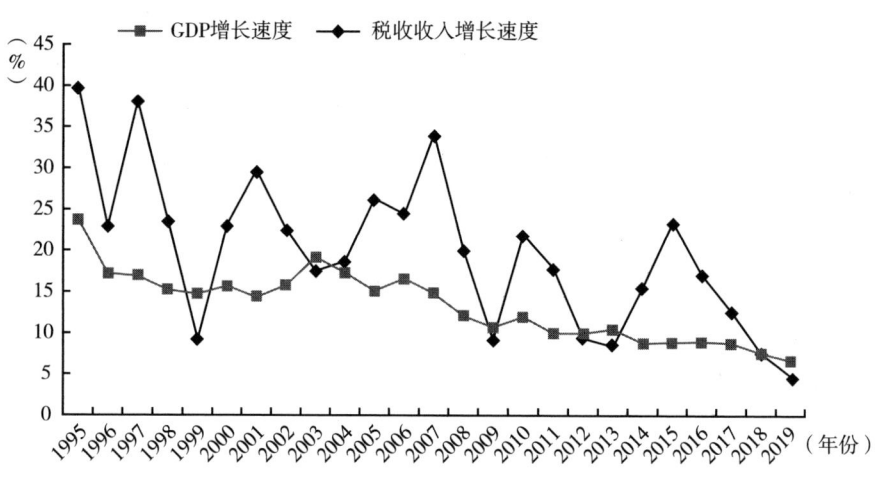

图9 1995~2019年深圳GDP与税收收入增长情况

资料来源:深圳市统计局。

零售额同比增长41.4%。2019年,全市商品销售总额为35672.97亿元,同比增长7.8%,其中批发销售总额为29920.38亿元,同比增长8.2%。

2019年,全社会固定资产投资额①为7374.71亿元,较上年增长18.8%,增幅较2018年下降1.8个百分点。其中,房地产开发项目投资同比增长15.9%,非房地产开发项目投资同比增长21.0%;基础设施投资同比增长33.6%,工业投资增长11.5%,其中,工业技术改造投资同比增长20.7%;民间投资同比增长9.2%。

2019年全市进出口总额为29773.86亿元,同比下降0.6%,其中,出口总额16708.95亿元,同比增长2.7%;进口总额13064.92亿元,同比下降4.7%。

2. 深圳税收收入总量与消费、投资、出口总量分析

1995~2019年,税收收入总量与消费、投资、出口总量均呈现逐年上升的趋势(见表3)。

---

① 本部分的分析将使用"全社会固定资产投资额"表示投资总量。

表3　1995～2019年深圳税收收入总量与消费、投资、出口总量情况

单位：亿元

年份	税收收入总量	社会消费品零售总额	全市固定资产投资额	出口总额①
1995	98.21	426.94	275.82	1714.15
1996	120.70	488.85	327.53	1763.28
1997	166.73	537.25	393.07	2121.91
1998	206.20	573.24	480.39	2185.35
1999	225.20	638.59	569.59	2335.51
2000	277.47	735.02	619.70	2861.26
2001	360.01	832.04	686.37	3102.22
2002	441.06	941.94	788.15	3853.52
2003	518.26	1095.13	949.10	5211.62
2004	615.13	1250.64	1092.56	6444.09
2005	777.01	1441.61	1181.05	8224.28
2006	967.02	1680.46	1273.67	10627.33
2007	1297.30	1930.81	1345.00	12446.92
2008	1557.98	2276.59	1467.60	12310.82
2009	1701.32	2567.94	1709.15	11030.70
2010	2075.11	3000.76	1944.70	13521.06
2011	2446.49	3520.87	2060.92	15916.93
2012	2676.37	4008.78	2194.43	17283.05
2013	2901.02	4433.59	2501.01	18743.57
2014	3353.09	4844.00	2717.42	17766.66
2015	4141.79	5017.84	3298.31	16344.04
2016	4852.11	5512.76	4078.16	15680.40
2017	5465.51	6016.19	5147.32	16533.57
2018	5878.43	6168.87	6207.67	16274.69
2019	6164.02	6582.85	7374.71	16708.95

资料来源：深圳市统计局：《2019年深圳经济运行情况》；《深圳统计年鉴2019》。

3. 深圳消费、投资、出口对税收收入的贡献度分析

综合上述分析可知，税收收入总量与消费总量、投资总量、出口总量均呈现正相关关系，此外消费、投资、出口对税收收入的影响是依次降低的。其原

---

① 为保持数据等级相同，将出口总额换算成人民币单位，所采用的汇率来自中国人民银行统计数据（以每年6月数据为准）。

因来自以下三个方面：对消费总量而言，一方面，消费提高增加了社会总需求，刺激经济增长；另一方面，居民将更多的收入用于消费，增加了经济增长乘数，因此消费总量的变动必定会带来国民经济的变动进而引起税收收入的变动，而且这种变动是正向的。此外，深圳流转税类收入占总体税收收入的比重最大，而消费总量又与流转税类税基紧密相关，因此消费总量对税收收入的影响最大。对投资总量而言，固定资产投资无疑会带来相关产业的发展，如建筑业等；也会增加就业，扩大内需，进而带来税收收入总量的提升，且投资可以通过投资乘数对经济起到扩张作用，所以投资对税收收入存在正向影响且影响程度较大。对出口总量而言，出口产品虽然需缴纳相应税收，但是与出口相关的税收在深圳税收收入中的占比较低，而且又有出口退税的影响，因此出口总量的增加尽管对税收收入的增加产生正向影响，但是影响程度较低。

（四）总体税收收入的财政级次构成及分析评估

1. 中央级收入与地方级收入[①]的总量分析

2019 年深圳实现总体税收收入 8246.99 亿元，其中中央级收入 5191.29 亿元（占总体税收收入总量[②]的 62.95%），比上年增长 81.42 亿元，增幅为 1.59%；地方级收入 3055.70 亿元（占总体税收收入总量的 37.05%），比上年增长 146.76 亿元，增幅为 5.05%。

1995～2019 年，中央级收入与地方级收入总体呈现不断增长的趋势：中央级收入从 50.30 亿元增长到 5191.29 亿元，增长了 102.21 倍，年均增幅达 21.31%，年均增长 214.21 亿元；地方级收入从 75.37 亿元增长到 3055.70 亿元，增长了 39.54 倍，年均增幅达 16.68%，年均增长 124.18 亿元（见图 10）。

2. 中央级收入与地方级收入的增长速度分析

2019 年中央级和地方级税收收入增长速度较上年都有较小幅度的下降，中央级税收收入增长速度较 2018 年下降 4.18 个百分点，地方级税收收入增

---

① 中央级收入与地方级收入的口径包含海关代征收入、证券交易印花税和车辆购置税。
② 深圳市各年中央级收入总量与地方级收入总量之和即为当年总体税收收入总量。

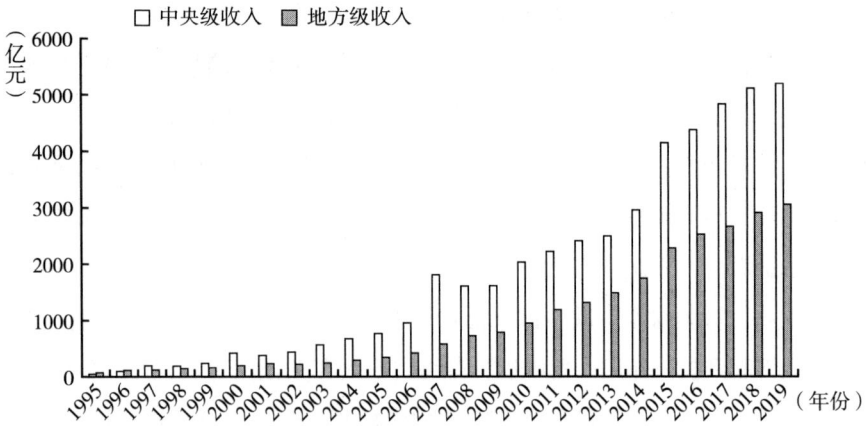

图 10　1995~2019 年深圳中央级收入与地方级收入总量

资料来源：国家税务总局深圳市税务局。

长速度较 2018 年下降 4.22 个百分点，二者变化幅度接近。

1996~2019 年的 24 年间，深圳中央级收入的平均增长率为 24.86%，高于地方级收入的平均增长率 17.25%。但是中央级收入增长速度的波动较大，增长速度极差达到 113.04%，标准差达到 0.3313，远高于地方级收入的增长速度极差 59.79% 与标准差 0.1217。24 年间，地方级收入增速仅在 1998 年、2001 年、2008 年、2009 年、2011 年、2013 年、2016 年、2018 年和 2019 年显著大于中央级收入增速（其中，1998 年、2001 年、2008 年中央级收入出现负增长；2009 年和 2013 年中央级收入增长较缓，增速仅为 0.54% 和 3.49%；2016 年中央级收入和地方级收入增速都不高，分别为 5.46% 和 10.76%，2018 年中央级收入和地方级收入增速分别为 5.77% 和 9.26%，2019 年中央级收入和地方级收入增速都不高，分别为 1.59% 和 5.05%），其余 14 年地方级收入增速均低于或几乎持平于中央级收入增速（见图 11）。

3. 中央级收入与地方级收入的比值①分析

深圳中央级收入总量仅在 1995~1996 年小于地方级收入总量，其他各

---

① 中央级收入与地方级收入的比值，是指各年中央级收入总量除以当年地方级收入总量的值。分析比较这一比值有助于了解深圳市总体税收收入的分配情况。

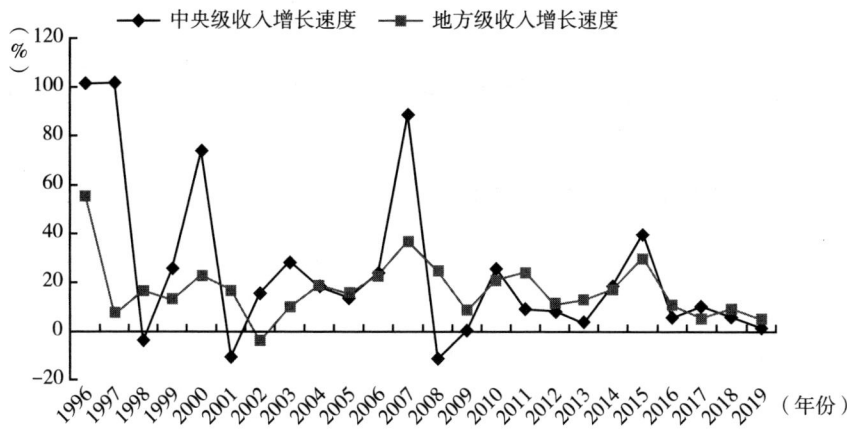

图 11　1996～2019 年深圳中央级收入与地方级收入增长速度

资料来源：国家税务总局深圳市税务局。

年份均大于地方级收入总量。1995～2007 年，这一比值大致呈现逐年增加的趋势，并于 2007 年达到最高值 3.10。这说明在总体税收收入逐年递增的大趋势下，留存地方的税收收入占总体税收收入的比重在逐年减少，地方级收入只分得总体税收收入的较少部分。从 2008 年开始，中央级收入与地方级收入的比值趋于稳定，但存在一个微弱的下降趋势，在 2013 年达到一个极小值 1.67。2019 年，中央级收入与地方级收入的比值为 1.70（见图 12）。

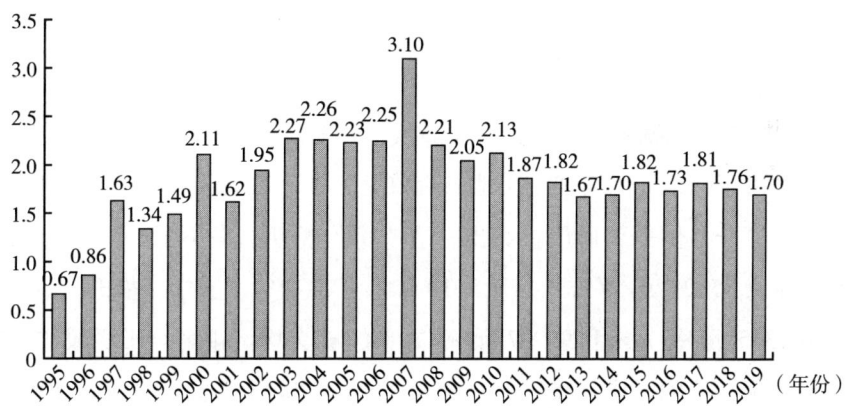

图 12　1995～2019 年深圳中央级收入与地方级收入比值

资料来源：根据国家税务总局深圳市税务局数据计算得出。

税收蓝皮书

三 2020~2022年深圳经济社会发展面临的挑战和机遇

（一）深圳的经济社会发展面临的挑战

1. 新冠肺炎疫情及逆全球化对深圳产业链发展造成巨大冲击

深圳是我国最大的外贸出口城市，出口总额连续27年位居内地大中城市首位。美国、欧盟、日本和韩国在全球价值链中居于核心地位，与深圳产业链发展密切相关，新冠肺炎疫情及逆全球化举措导致这些国家产出下降，这将直接波及深圳产业链的发展。

2. 土地资源日益趋紧，限制了深圳产业发展的空间

2018年深圳建设用地面积已经达到了100595公顷，部分地区建设用地总量已接近或超过2020年规划控制目标数①。2016年以来，深圳通过综合整治旧工业区、清退建设用地、处置闲置土地、拆除违法建筑等措施溢出更多的发展空间，但是依然不能满足产业的快速发展需求。并且还存在新增用地即将用尽、违法建筑分布广、面积大以及产业用地粗放浪费、利用率不高等问题，这都涉及历史遗留问题，不能立即流转，这导致产业用地不足、土地价格上涨，企业经营成本上升，进而投资规模不足、产能持续外迁，限制深圳产业发展的空间。

3. 房地产价格居高不下，抑制了其他产业发展的潜力

深圳由于土地尤其是住宅土地供给数量有限，住宅供应规模小，而住房需求逐年攀升，供需矛盾严重突出，造成房价长期居高不下。2019年全年成交均价为55821元/平方米，比2018年上涨3.14%。其中，福田、南山分别以101355元/平方米和95937元/平方米的成交均价排名全市区域成交均价的前两位，分别同比上涨7.97%和4.09%。实际上，深圳房价自2016年

---

① 资料来源：《深圳市土地利用总体规划（2006~2020年）》。

跃上5万元/平方米的台阶，房价收入比更是高达36倍以上，是国际通用标准的6倍，成为全球最难买得起房的大城市之一。一方面，深圳持续偏高的房价使得劳动力成本增加，从而企业经营成本大幅度提高，生产要素成本上升削弱了企业的成本竞争优势，企业利润萎缩，进而造成企业外迁；另一方面，深圳作为人才聚集地，购房人口结构相对年轻，高房价减少了深圳对人才的吸引力，也造成部分基础性人才流失，从而削弱了城市自主创新能力和经济核心竞争力，不利于产业升级。

4. 区域发展不平衡，抑制深圳城市整体发展水平

受制于原"二线关[①]"内外政策差异的历史因素影响，原特区外在经济发展水平、公共服务等方面明显落后于原特区内，同时深圳还存在"西密东疏、西强东弱"的区域发展不平衡的现象，龙岗区、坪山区和大鹏新区的用地面积总量达到深圳全市的42.5%，但是投资总量只有25.8%，并且三个区域的GDP只占全市的22%[②]，资源集聚效应仍然集中在西部地区。

5. 周边与世界形势的动荡增加了深圳未来经济发展的不确定性

国际金融危机深层次影响在相当长时期内始终存在，世界经济不确定性增强并面临下行风险，贸易保护主义有所抬头，发达国家加快实施"再工业化"，其他发展中国家劳动力成本优势上升，使我国经济面临"两面挤压"，经济全球化与"去全球化"矛盾加深。2019年9月，中美贸易摩擦升级，英国、澳大利亚、新西兰、加拿大、日本和欧盟也相继出台政策和措施，用苛刻的准入条件把中国排除在外，瓦解全球性多边贸易谈判体制和规则。深圳毗邻香港，香港的街头冲突使这个国际商业枢纽陷入1997年回归中国以来最严重的危机，香港经济进入了较大的不确定阶段。深圳作为我国第一大出口城市，经济发展深受全球经济政治的影响，华为、中兴、大疆、腾讯等高新技术企业首当其冲，新一代信息技术、航空航天设备、新能源装备、高铁装备等高新技术的生产和出口受到严重影响，"中国制造2025"战

---

① 国家设立的边境管理区域线，以深圳特区与深圳宝安、龙岗区的隔离网和检查站最为典型。
② 资料来源：《深圳统计年鉴2019》。

略的十大关键领域的发展都被严重波及。深圳如何稳步提升高科技企业的创新能力,推动高新技术产品的生产和出口,稳定深圳未来的经济发展,并对中美贸易摩擦给予强力回击是当前亟须解决的重大问题。

(二)深圳经济社会发展面临的机遇

1. 中国特色社会主义先行示范区建设有利于开创深圳发展新局面

2019年8月18日,《中共中央国务院关于支持深圳建设中国特色社会主义先行示范区的意见》发布,意味着深圳迎来了空前的发展机遇。深圳市委、市政府随即印发了《深圳市建设中国特色社会主义先行示范区的行动方案(2019~2025年)》,围绕先行示范区建设的战略定位、阶段发展目标和重点任务,制定127项具体工作举措,为深圳先行示范区建设画出第一阶段"施工图"。深圳建设中国特色社会主义先行示范区有利于在更高起点、更高层次、更高目标上推进改革开放,形成全面深化改革、全面扩大开放的新格局;有利于更好地实施粤港澳大湾区战略,丰富"一国两制"事业发展新实践;有利于率先探索全面建设社会主义现代化强国新路径,为实现中华民族伟大复兴的中国梦提供有力支撑。

2. 《粤港澳大湾区发展规划纲要》的推出有利于深圳经济发展的转型升级

2019年2月,中共中央、国务院印发实施《粤港澳大湾区发展规划纲要》(以下简称《纲要》),对新时期深圳发展做出明确定位:"发挥作为经济特区、全国性经济中心城市和国家创新型城市的引领作用,加快建成现代化国际化城市,努力成为具有世界影响力的创新创意之都。"粤港澳大湾区①是我国开放程度最高、经济活力最强的区域之一,既是新时代推动形成全面开放新格局的新尝试,也是推动"一国两制"事业发展的新实践。同时《纲要》中提出"以深圳、东莞为中心在珠江东岸打造在全球具有影响力和竞争力的电子信息等世界级先进制造业产业集群",对深圳制造业转型

---

① 包括香港特别行政区、澳门特别行政区、广州市、深圳市、珠海市、佛山市、惠州市、东莞市、中山市、江门市、肇庆市,总面积约5.6万平方公里。

升级、经济长远发展、解决土地匮乏难题提供了切实可行的措施。

3. "新基建①"发展战略尤其是"5G"技术应用对深圳电子信息产业提供发展机遇

2020年开年,中央政府大力号召部署"新型基础设施建设",深圳正面临新一轮重大发展机遇,而这一机遇的核心就是'新基建'②。作为首批5G试点城市,目前深圳大部分区域5G连片规模组网,平均覆盖密度全国最高,5G发展水平在全国甚至全球处于前列。2018年,深圳通信产品制造产业规模占全市工业比重将近40%,年产值约1.4万亿元左右,电子信息制造业完成规模以上工业总产值21313.3亿元,约占全国行业规模的1/6,支柱产业地位明显③。其中,通信产业,包括手机、移动通信基站设备、服务器、路由器、光纤、通信产品零部件及光电器件等,是深圳最核心和最具竞争力的行业,其产业规模和研发水平在全国乃至全球具有举足轻重的地位。

4. 新冠肺炎疫情推进深圳线上产业的发展和供应链的重塑

深圳基于互联网平台和大数据技术优势,瞄准疫情期间消费者对教育、医疗、办公、生活服务等方面的线上需求,积极扩展智能制造、在线教育、云办公、在线消费、无人配送等业务,以抗疫扩张性财政金融政策为契机,加大5G、云计算、大数据、工业互联网、人工智能、区块链等新基础设施建设,把抗击疫情与新基建相结合,加快推进供应链数字化和智能化发展。2020年1~3月深圳防疫物资类大健康领域、战略性新兴产业的商事主体大幅增长④,以5G、AI等为支撑的智能经济蓬勃发展。

5. 城市功能布局的更新和完善有利于深圳经济整体均衡发展

高标准规划建设光明科学城、坪山科技园、宝安会展片区等一批重点片区,打造高质量发展新引擎。2018年深圳政府工作报告中提及加快特区一体

---

① 全称新型基础设施建设,主要包括5G基站建设、特高压、城际高速铁路和城市轨道交通、新能源汽车充电桩、大数据中心、人工智能、工业互联网等七大领域。
② 资料来源:深圳市市长陈如桂在2020年3月16日召开的深圳市重大项目推进暨经济工作调度视频会议上的讲话。
③ 资料来源:深圳市工业和信息化局。
④ 资料来源:深圳市市场监管局所属企业注册局。

化进程,2019年4月深圳市人民政府常务会议审议通过了《光明科学城空间规划纲要》,全力支持光明科学城打造世界一流科学城,有力支撑"双区"①和"双中心"②建设;坪山区拥有国家生物产业基地、国际级新能源汽车产业基地、国家新型工业化产业示范基地、国家级出口加工区等"金字招牌",擎动深圳东部发展;2019年9月,国际一流超大型会展综合体——深圳国际会展中心落户宝安区,会展产业作为一项新兴的城市服务行业,能够带来规模庞大的人流、物流、信息流和资金流,带动相关产业发展。

6. 优化营商环境释放企业活力促进市场经济主体发展

2018年1月,深圳对标新加坡和中国香港等发达国家和地区,以世界银行营商环境评价体系为参照,出台了《深圳市关于加大营商环境改革力度的若干措施》,从贸易投资环境、产业发展环境、人才发展环境、政务环境、绿色发展环境和法治环境等六方面提出二十大改革措施、126个政策点,着力在服务效率、管理规范、市场活力、综合成本方面率先营造国际一流营商环境。早在2017年5月,深圳税务部门在全市范围实施"50行动",提出打造办税服务厅"安静工程";2018年8月,国家税务总局深圳市税务局出台了108条举措,涵盖提高服务效率、减轻税费负担、优化税后流程、规范税收执法等四大类17方面内容,着力打造与粤港澳大湾区核心引擎地位相匹配的税收营商环境;2019年4月国家税务总局深圳市税务局发布了"减税降费措施10条"、上线"微税务"等措施;2020年《深圳市2020年优化营商环境改革重点任务清单》发布,涉及商事登记、工程建设项目审批、市政设施接入服务等14个重点领域,共提出210项改革举措。在2018年12月粤港澳大湾区研究院发布的《2018年中国城市营商环境评价报告》中,深圳营商环境位居全国第一。

7. "互联网+"背景下有利于提升深圳财政税收管理现代化水平

2018年5月深圳市税务局与腾讯公司开展合作,成立"智税"创新实

---

① 中国特色社会主义先行示范区和粤港澳大湾区。
② 大湾区国际科技创新中心和深圳综合性国家科学中心。

验室，基于云计算、人工智能、区块链、大数据技术，在税务管理、电子发票应用研究、风险诊断预警、税收服务优化、税收政策与制度的知识图谱建设等方面探索解决方案，打造"科技创新+"的财税管理现代化的深圳方案。深圳作为"区块链+电子发票"首个试点城市，打造区块链电子发票平台，实现"交易即开票、开票即报销"的模式，向纳税人提供高效便捷开票服务，促进企业订单系统、发票系统、互联网平台、财务系统的信息融合。此外区块链技术能够使得来自不同部门的海量相关数据无障碍共享，税源监控与税收遵从水平将大幅提升。

四　2020~2022年深圳税收经济发展展望

2020年深圳面临的内外部环境相对严峻，新冠肺炎疫情给生产、就业带来重创，美国对以华为为代表的高科技产业的打压和制裁加剧，但国内逆经济周期措施实行，新基建项目加快推进，重点片区建设也将为深圳经济增长注入新活力。

根据深圳市统计局发布的"2020年第一季度深圳经济运行情况"和"2020年上半年深圳经济运行情况"，2020年第一季度、第二季度深圳地区生产总值分别为5785.60亿元和6848.70亿元，合计2020年上半年深圳地区生产总值为12634.30亿元，同比增长0.1%，增速较第一季度回升6.7个百分点；进出口总额接近上年同期，全市进出口总额为13356.75亿元，同比下降0.5%，降幅较第一季度收窄11.2个百分点；财政收入负增长，上半年全市一般公共预算收入2030.92亿元，同比下降4.7%，降幅较第一季度收窄8.1个百分点。从月度来看，一般公共预算收入降幅呈现收窄态势，1~2月、第一季度、1~4月、1~5月、上半年增速分别为-10.9%、-12.8%、-9.9%、-9.3%和-4.7%。

由于在2020年6月底深圳基本全面复工复产，在疫情没有二次暴发的情况下，深圳2020年第三季度、第四季度经济正常增长。由于受到疫情的冲击，2020年深圳经济增速出现明显下行趋势。

疫情在2020年末得到了有效控制，2021~2022年深圳经济能够逐步恢复

正常增长。同时，尽管新冠肺炎疫情对2021、2022年的经济仍会有一定程度的影响，但灾难带来的影响与经济大萧条不同，突发性灾难带来的影响一般是"突变"的，而不是"渐变"的，因此经济增长只是在灾难年突然被"暂停"，而当疫情一旦完全得到控制，经济又能回到原先的增长轨道。2021年随着疫情的消散，市场会出现报复性消费，但疫情带来的"伤痕效应"还会持续一段时间，假定二者的作用相互抵消，2021年深圳经济总量将会平稳正常增长。2022年随着疫情及其带来的伤痕效应完全消散，以及粤港澳大湾区建设的推进，深圳经济将重新回到正常增长轨道。因此2021~2022年深圳GDP、税收收入、地方公共财政预算收入总量能够按照正常情况下的发展潜力增长，2021年深圳GDP、税收收入、地方公共财政预算收入总量分别为27349.76亿元、6238.34亿元和3858.68亿元，增速分别为4.86%、1.63%和1.58%；2022年深圳GDP、税收收入、地方公共财政预算收入总量分别为27925.28亿元、6402.30亿元和3956.94亿元，增速分别为5.29%、2.63%和2.55%。

五 2020~2022年深圳税收经济发展的对策建议

（一）重点发展"新基建"项目，创造发展新优势

着力发展5G建设，推进机场、高铁、地铁、南山双创园、福田CBD、前海自贸片区等示范区域的5G精品网络覆盖；打造行业级工业互联网平台，鼓励工业企业生产线和业务系统云上平台；加快建设人工智能制造业创新中心及一批创新载体，大力支持智能芯片、传感器、机器人、无人机、智能网联汽车等关键零部件、智能产品的研发与产业化，鼓励高等院校、科研院所与企业在关键核心领域开展创新合作，推动创新成果转化；加快建设高速宽带网络，建设粤港澳大湾区大数据中心，开展公共安全、文化旅游、工业、能源、电子金融等领域的大数据示范应用。升级新型交通网络，加快完成珠江东岸多条城际公路、深圳地铁多条线路、深圳辐射珠三角的多条高铁建设，促进国铁、城际、城市轨

道三网融合。强化电网能源技术攻关,普及新能源汽车充电桩,支持特高压产业链发展。

(二)促进传统产业升级,固强项补短板,打造新动能

以信息化、智能化供应链为重点进行技术改造,加强以核心基础零部件和元器件、先进基础工艺、关键基础材料、产业技术基础为内容的"四基"建设,实现传统企业从全球价值链低端制造环节向高附加值的研发、设计、销售及售后服务环节延伸拓展。利用信息通信技术和互联网平台实施"互联网+"战略,加强对自动控制和感知、工业核心软件、工业云和智能服务平台建设,使数字技术、智能技术广泛应用于其研发设计、生产制造、经营管理等关键环节,推动建立机器人自动化示范生产线,引导金融机构对新技术、新工艺、新设备、新材料、新业态提供资金支持。

(三)多维打造产业集群,提升经济的整体发展水平

加速资源要素集聚集约,充分利用现有的产业基础,建设多个产业集聚区,如建设罗湖大梧桐新兴产业园集聚区、宝安大空港新兴产业园集聚区、光明石墨烯新兴产业集聚区、坪山第三代半导体新兴产业集聚区、龙华九龙山新兴产业集聚区、龙岗宝龙科技城新兴产业集聚区等;提高人工智能、生物与生命健康、石墨烯、新一代信息技术、集成电路、第三代半导体等产业的集聚化水平;推动集群跨区域产业互联、业务互通、信息互用,通过利用大湾区完整的产业链配套,联合东莞、惠州、中山、江门等大湾区城市开展先进制造业合作试点,打造以深圳为核心的具有全球影响力和竞争力的电子信息世界级先进制造业产业集群;提升集群对外影响力,推动深圳集群与国外集群建立战略合作。

(四)健全公共卫生管理体系,提升应对公共卫生风险的能力

按照超大城市公共卫生安全要求,完善公共卫生法治保障、疾病预防控

制、公共卫生应急管理体系，根据常住人口标准在各区域配备疾控机构人员，建立重大传染病实验室，加快突发新发传染性疾病检测关键技术研究，鼓励运用大数据、人工智能、云计算等数字技术进行监测、预测以及预警可能存在的公共卫生重大风险，提高在疫情监测分析、病毒溯源、防控救治、资源调配等方面的能力。

（五）注重人力资本培育，完善人才引进培养配套体系

建立企业、高校、科研院所人才交流和共同培育机制，鼓励和支持各类创新主体、社会团体等与国（境）外机构开展人才、技术和项目合作交流，加大对先进制造业、现代服务业、战略新兴产业相关的重点专业、高端专业、新兴专业和紧缺专业高技能人才的培养；聚焦"政务服务＋创业服务＋生活服务"全环节服务链，为高层次人才项目落地、成果转化、投融资、工作调动、户口签转、子女入学等提供高质量服务；简化外籍人才出入境和居留手续；扩大人才住房保障覆盖范围，提高新引进人才补贴标准，分层分类向人才提供安家补贴、租房补贴。

（六）建立现代化税收征管体系，打造深圳税收新时代

深圳税务部门着力建立科学、严密的现代化税收征管体系，全面提高税收征管的质量和效率。一是遵循"始于纳税人需求，基于纳税人满意，终于纳税人遵从"的服务理念，实施精准服务，整合并广泛应用电子税务局的"互联网＋"办税平台，实现纳税服务全覆盖、全天候、全方位、全流程、全联通的"一网式"通办，使纳税人足不出户即可随时随地办理涉税事项。二是围绕港澳纳税人跨境办理内地涉税事项的需求，实现粤港澳大湾区"零跑动"完成跨地区办税。三是强化跨部门合作，构建以税务机关为主，工商、银行、公安、海关、检察等相关部门为辅的共建共治共享的税收治理格局。四是实施"区块链＋税务"战略，2018年8月，深圳税务运用区块链技术开出了全国第一张区块链电子发票；2020年1月，深圳以前海作为试点，全面推广电子发票；促使区块链发票与线上电子支付深度融合，

解决纳税人在发票中面临的领票烦、归集难等问题，充分发挥区块链技术在税源监控、纳税评估、信用等级评价等环节的作用，构建以纳税人为节点的网络关系图谱，实现税源的全面监控。

（七）加快建设智慧深圳，提升公共服务和城市管理能力

利用现代信息技术来感知、监测、分析、整合城市的各种资源构建智慧城市。推进智慧社区的建设，发展智慧教育，优化智慧气象服务；推进智慧监管，全面推进公共区域安装公共安全视频图像信息系统，建立协同高效的药品、医疗器械、化妆品三大业务应用平台；研发消防设施联网监测巡防系统，推动智慧治理工程如智慧交通、智慧水务、智慧环保建设，完善全市性的智慧海绵平台。

（八）紧抓"双区建设"重大历史机遇，增强深圳经济发展辐射引领作用

第一，加快实施创新驱动发展战略，打造高水平深港科技创新合作区，高标准建设光明科学城，推进建设材料基因组、精准医学影像、国家超算中心二期等重大科技基础设施；高起点推进西丽湖国际科教城建设，推动鹏程实验室、深圳湾实验室、国家超算中心二期建设，打造重大科技基础设施群；吸引国内外顶级科技组织、科研机构和跨国企业来深设立研发中心，支持国际学术组织、产业组织等搭建创新交流合作平台，支持企业、高等院校和科研机构参与国际大科学计划和大科学工程；落实通过《深圳经济特区知识产权保护条例修正案》，对侵犯知识产权的违法行为进行有效打击。

第二，推进深莞惠联动发展，推进深莞惠交通一体化，实现1小时通勤、2小时通达的都市圈；深化深莞惠产业合作、取长补短、形成科学有序的产业分工，形成完整的产业布局；打破深莞惠行政区经济束缚，成立深莞惠一体化委员会，负责深莞惠一体化重大事项决策及相关的利益协调事务，取代当前以会商形式运作的深莞惠三市党政联席会议，实现区域政府管理转向区域治理，城市管理走向跨区域联合管理。

第三，推动文化和旅游行业发展，增强城市软实力。高水平建设文化和旅游设施，推动群众文化活动扩容提质，实施文艺精品创作和文艺名家推广计划，大力推进文化产业高质量发展，构建大旅游格局，争创国家全域旅游示范区。

Abstract

Due to the combined effects of many factors, such as the epidemic situation of COVID – 19, the reduction of taxes and fees, and the decline in economic operation, tax revenue in various regions of China decreased to varying degrees in 2020 compared with the same period last year. In the first half of 2020, China's tax revenue reached 8.899749 trillion yuan, an increase of – 11.7% over the same period last year. Among them, the eastern, central and western regions achieved tax revenue of 6.011701 trillion yuan, 1.459138 trillion yuan and 1.428909 trillion yuan respectively, an increase of – 11.0%, – 14.6% and – 11.5% respectively over the same period last year, accounting for 67.5%, 16.4% and 16.1% of the total tax revenue, respectively. Tax systems at all levels, under the guidance of Xi Jinping Thought on Socialism with Chinese Characteristics in the New Era, implement the arrangements of the CPC Central Committee and the State Council, coordinate the promotion of epidemic prevention and control and economic and social development, and implement more proactive fiscal (tax) policies, control the intensity, priority and rhythm of policies, and put the support for the recovery and development of the real economy in a more prominent position. With the easing of the epidemic and the stimulating effect of the tax and fee reduction policy, China's economy will gradually resume growth in 2021, and the tax situation will gradually start to improve.

Combined with the five major aspects of deepening the reform of the tax system put forward by the CPC Central Committee and the State Council, this report puts forward the following suggestions: Take "perfecting the direct tax system and gradually increasing its proportion" as a breakthrough in tax reform, improve the enterprise-related tax system, and respond to demands for lower tax rates such as value-added tax and enterprise income tax. Take the "backward collection of some items of consumption tax" as the starting point for the reform of consumption tax, give priority to the items such as automobiles and oil products suggested by the deputies and committee members, and appropriately expand the scope of collection. Continue to promote the reform of individual income tax under the guidance of "establishing and perfecting a comprehensive and classified individual income tax system". Make an in-depth study of the theoretical and legal basis of real estate tax on the basis of "steadily promoting the legislation of real estate tax". Take "perfecting the local tax system, adjusting and perfecting the local tax system, cultivating and strengthening the source of local tax, steadily expanding the management power of local tax" as the guide for the division of central and local revenue, continue to improve the reform of the tax-sharing financial system, and establish the main types of local taxes.

Keywords: Tax Revenue; Regional Economy; Tax Policies; Tax and Fee Reduction

Contents

Ⅰ General Report

B.1 Report on the Tax Development in China (2019 -2020)
    Li Weiren, Fu Guangjun and Han Li / 001

Abstract: Affected by the epidemic situation of COVID -19, the reduction of taxes and fees, as well as the decline of economic operation and other factors, the year-on-year decline of tax revenue in various regions of China in 2020 is inevitable and in line with the objective reality. With the passing of the epidemic and the stimulation of the policy of reducing taxes and fees, China's economy will gradually return to growth, and tax revenue and economic development will gradually begin to improve in 2021. Combined with the five major aspects of deepening the reform of the tax system put forward by the CPC Central Committee and the State Council, this report puts forward the following suggestions: Take "perfecting the direct tax system and gradually increasing its proportion" as a breakthrough in tax reform, improve the enterprise-related tax system, and respond to demands for lower tax rates such as value-added tax and enterprise income tax. Take the "backward collection of some items of consumption tax" as the starting point for the reform of consumption tax, give priority to the items such as automobiles and oil products suggested by the deputies and committee members, and appropriately expand the scope of collection. Continue to promote the reform of individual income tax under the guidance of "establishing and perfecting a comprehensive and classified individual income tax

system". Make an in-depth study of the theoretical and legal basis of real estate tax on the basis of "steadily promoting the legislation of real estate tax". Take "perfecting the local tax system, adjusting and perfecting the local tax system, cultivating and strengthening the source of local tax, steadily expanding the management power of local tax" as the guide for the division of central and local revenue, continue to improve the reform of the tax-sharing financial system, and establish the main types of local taxes.

Keywords: Regional Tax; Regional Economy; Macroscopic Tax Burden

Ⅱ Reginal Reports

B.2 Report on the Tax Development in Beijing-Tianjin-Hebei Region (2019-2020)　　*Cai Chang, Xu Yanmei and Li Changjun* / 025

Abstract: In 2019, the overall operation of tax revenue in the Beijing-Tianjin-Hebei region was stable, with a cumulative increase of 3% over the same period last year, economic and tax development was relatively coordinated, and the growth trend was stable. The tax growth rate was lower than the GDP growth rate, and the tax elasticity was small. In 2020, affected by the epidemic, the social production and the speed of economic development further slowed down. Under the active guidance of the State Administration of Taxation, the tax authorities of Beijing, Tianjin and Hebei have conscientiously implemented various preferential tax policies to help prevent and control the epidemic and resume work and production. Various tax policies not only help to reduce the tax burden of taxpayers and enhance the production enthusiasm of enterprises, but also regulate the development of macro-economy, stimulate consumption and investment, and enhance the vitality of market economy. Although the coordinated development of Beijing-Tianjin-Hebei region has achieved remarkable achievements, how to effectively guide the flow direction of factors of production within the region, optimize industrial spatial differentiation, promote economic exchanges among regions, narrow the development gap, and improve the coordination of inter-regional economic and tax development maintains the top priority to further promote the coordinated development of Beijing-Tianjin-Hebei region. Local governments should fully understand the existing gaps and deficiencies, timely adjust the focus of work, give full play to the role of the market, give better play to the role of the government, and promote the in-depth development of Beijing-Tianjin-Hebei regional cooperation.

Keywords: Beijing-Tianjin-Hebei Region; Regional Economy; Tax Revenue

B.3 Report on the Tax Development in the Yangtze River Delta (2019 -2020) *Zhou Shiya* / 063

Abstract: In 2019, the remarkable characteristics of industrial clustering and cross-regionalization in three provinces and one city in the Yangtze River Delta, as well as the rapid development of modern service industry, have promoted the continuous growth of regional tax sources, the continuous rise of comprehensive tax volume, and the optimization of tax structure. Tax revenue and economic growth maintain a long-term stable and harmonious development relationship. In 2020, the sudden epidemic of COVID-19 brought great impact on the social and economic development of the Yangtze River Delta region. At the same time, with the instability of the external environment and the increase of uncertain factors, the risks and challenges faced by tax revenue and economic development throughout the year are more severe than in previous years. Under foreseeable circumstances, the overall scale of tax revenue and the growth rate of economic development will remain at a medium-to-low speed. Looking forward to 2020 -2021, in order to further stimulate the vitality of the market and promote the regional integration of the Yangtze River Delta to a higher level, the Yangtze River Delta region will closely combine epidemic prevention and control with the work of "six stability" through the advantages of integrated system, and establish an integrated regional cooperation linkage mechanism to provide institutional framework and solutions for

deep-seated problems such as market mechanism, tax cooperation, financial distribution, factor flow and data sharing in the Yangtze River Delta region.

Keywords: Integration of the Yangtze River Delta; Tax; Economic Development

Ⅲ Provincial Reports

B.4 Report on the Tax Development in Shanxi Province

(2019 -2020)   *Wang Jiujin, Wang Jiangxia and Ren Bin* / 091

Abstract: In 2019, in the face of the complex and changeable economic environment and the arduous task of organizing income, Shanxi tax system insisted on "gathering wealth for the country and collecting taxes for the people", and achieved stable and high-quality tax revenue. On the whole, taxation adapted to economic operation and policy adjustment, and the coordination with economic development was further enhanced. Since 2020, the tax department of the whole province has, in accordance with the requirements of "six stability" and "six guarantees", conscientiously implemented various preferential policies on taxes and fees issued by the state and province to support epidemic prevention and control and economic and social development, and made every effort to help enterprises solve difficulties and support enterprises to return to work and production. Compared with other provinces in central China, Shanxi still has problems and deficiencies in industrial structure, transformation and upgrading, the transformation of new and old kinetic energy still needs to be further strengthened, and the proportion of some key industries and local taxes is on the low side. Shanxi should bring the function of the tax into full play to help escort the construction of key projects; conscientiously implement various preferential tax policies to help enterprises solve difficulties, strengthen tax co-governance, and take multiple measures to actively plug leaks and increase income.

Keywords: Regional Economy; Tax; Shanxi

Contents

B.5 Report on the Tax Development in Shandong Province
(2019 -2020)
Zhang Dezhi, Zhang Munan and Huang Qinghua / 113

Abstract: As the ecological protection and high-quality development of the Yellow River Basin has become a major national strategy, Shandong, as the first comprehensive experimental area for the conversion of new and old kinetic energy in our country, policy dividends continue to gather, market and talent dividends continue to expand, and transition dividends and reform dividends are released at an accelerated pace. In 2020, in the face of the severe epidemic situation of COVID-19, Shandong Province adhered to the general tone of seeking progress in the midst of stability, took the supply-side structural reform as the main line, resolutely fought the three major battles, and paid close attention to the landing of the "six stability" work and key tasks. While making every effort to prevent and control the epidemic, Shandong deployed tax work ahead of time, actively dealt with the serious impact of the epidemic on the economy, and economic development gradually rebounded. Various reforms have been accelerated, peoples' livelihood has been effectively guaranteed, and the society has maintained harmony and stability. Looking to the future, Shandong Province will unswervingly promote the coordinated development of regional economy, continue to promote the landing of relief measures, support the development of market entities, continuously optimize the business environment and attract high-quality resources to invest in Shandong, continue to deepen the conversion of new and old kinetic energy, further stimulate market vitality and promote the transformation, upgrading and high-quality development of the province's economy.

Keywords: Regional Economy; Tax; Shandong

B.6 Report on the Tax Development in Chongqing
(2019 -2020) *Deng Yongqin, Xu Bin* / 134

Abstract: In 2019, Chongqing fully implemented the goals of "two points"

and "two places" and "two highs" put forward by General Secretary Xi Jinping for Chongqing, adhered to the general tone of making progress in the midst of stability, and achieved high-quality economic development. The GDP growth rate of Chongqing was higher than the national GDP growth rate, and the tax revenue and economy basically achieved coordinated development. The overall operation of major industries was stable, the flow of factors of production was accelerated, the function of tax and fee reduction was obvious, and the role as an important strategic fulcrum in the development of the western region was prominent. Compared with developed areas, the quality of economic operation in Chongqing is still low, the tax output rate is lower than the national average. The development of traditional advantageous industries such as automobiles has encountered difficulties. the development of high-tech industry lags behind, the modern service industry is not developed, and the development of private economy slows down. In 2020, affected by the epidemic situation of COVID-19, the uncertainty of economic and social development in Chongqing increased. In the face of challenges, Chongqing should persist in setting world-class standards, create an excellent business environment, boost market confidence, promote the further consolidation and development of advantageous industries, high-tech industries and modern service industries, improve the quality of economic operation, and unleash the potential for economic growth in order to achieve stable and sound economic development.

Keywords: Economic Development; Tax; Chongqing

Ⅳ Cities and Districts

B.7 Report on the Tax Development in Qingdao City

(2019 -2020) *Hu Xiaohui* / 150

Abstract: In 2019, the economic operation of Qingdao was basically stable, the industrial structure was optimized, the investment structure was improved, and the consumption structure was upgraded. Foreign trade maintained rapid growth, financial operation and prices were generally stable. The remarkable achievements of tax and fee reduction and high-quality income organization had made a positive contribution to the city's economic transformation and upgrading. Since 2020, under the influence of the epidemic situation of COVID-19, various preferential tax policies and other factors, tax revenue has declined significantly in the first quarter, but it shows a certain tenacity and potential. As the domestic epidemic situation slows down, economic tax sources gradually recover, but the severe international epidemic brings a great impact on the export-oriented economy of the whole city. Affected by the tax reduction in the tail and the income reduction of some key enterprises, the economic tax situation in 2020 −2021 is still grim and complicated. we should upgrade our political position, implement the policy of reducing taxes and fees, strictly abide by the principle of income, and achieve high-quality development of tax revenue. We will strengthen information sharing, continue to improve the convenience of tax payment, deepen the reform of "management and service", and create a fair tax business environment under the rule of law.

Keywords: Economic Development; Tax; Qingdao

B.8 Report on the Tax Development in Shenzhen City (2019 − 2020) *Hu Youliang* / 162

Abstract: On August 18, 2019, the "Guidelines of the CPC Central Committee and the State Council on Supporting Shenzhen in Building a Pilot Demonstration Area of Socialism with Chinese Characteristics" was released to support Shenzhen in creating a model city for a great modern socialist country; 2020 is the 40th anniversary of the establishment of the Shenzhen Special Economic Zone. Starting from the analysis of basic ecomomic situation of Shenzhen, this article enumerates challenges and opportunities for Shenzhen's economic and social development in the next three years through the analysis of total tax revenue and income levels. On this basis, the trend forecast of development of Shenzhen's taxation economy was carried out, and policy recommendations were put forward to promote the development of Shenzhen's taxation economy and society, such as seizing the major historical opportunities of the "Dual Zone Construction" and enhancing the influential and leading capacity of Shenzhen's economic development.

Keywords: Tax Revenue; Macro Tax Burden; Dual Zone Construction

权威报告·一手数据·特色资源

皮书数据库
ANNUAL REPORT(YEARBOOK)
DATABASE

分析解读当下中国发展变迁的高端智库平台

所获荣誉

- 2019年，入围国家新闻出版署数字出版精品遴选推荐计划项目
- 2016年，入选"'十三五'国家重点电子出版物出版规划骨干工程"
- 2015年，荣获"搜索中国正能量 点赞2015""创新中国科技创新奖"
- 2013年，荣获"中国出版政府奖·网络出版物奖"提名奖
- 连续多年荣获中国数字出版博览会"数字出版·优秀品牌"奖

成为会员

通过网址www.pishu.com.cn访问皮书数据库网站或下载皮书数据库APP，进行手机号码验证或邮箱验证即可成为皮书数据库会员。

会员福利

- 已注册用户购书后可免费获赠100元皮书数据库充值卡。刮开充值卡涂层获取充值密码，登录并进入"会员中心"—"在线充值"—"充值卡充值"，充值成功即可购买和查看数据库内容。
- 会员福利最终解释权归社会科学文献出版社所有。

数据库服务热线：400-008-6695
数据库服务QQ：2475522410
数据库服务邮箱：database@ssap.cn
图书销售热线：010-59367070/7028
图书服务QQ：1265056568
图书服务邮箱：duzhe@ssap.cn

卡号：532794673155
密码：

基本子库 SUB DATABASE

中国社会发展数据库（下设12个子库）

整合国内外中国社会发展研究成果，汇聚独家统计数据、深度分析报告，涉及社会、人口、政治、教育、法律等12个领域，为了解中国社会发展动态、跟踪社会核心热点、分析社会发展趋势提供一站式资源搜索和数据服务。

中国经济发展数据库（下设12个子库）

围绕国内外中国经济发展主题研究报告、学术资讯、基础数据等资料构建，内容涵盖宏观经济、农业经济、工业经济、产业经济等12个重点经济领域，为实时掌控经济运行态势、把握经济发展规律、洞察经济形势、进行经济决策提供参考和依据。

中国行业发展数据库（下设17个子库）

以中国国民经济行业分类为依据，覆盖金融业、旅游、医疗卫生、交通运输、能源矿产等100多个行业，跟踪分析国民经济相关行业市场运行状况和政策导向，汇集行业发展前沿资讯，为投资、从业及各种经济决策提供理论基础和实践指导。

中国区域发展数据库（下设6个子库）

对中国特定区域内的经济、社会、文化等领域现状与发展情况进行深度分析和预测，研究层级至县及县以下行政区，涉及省份、区域经济体、城市、农村等不同维度，为地方经济社会宏观态势研究、发展经验研究、案例分析提供数据服务。

中国文化传媒数据库（下设18个子库）

汇聚文化传媒领域专家观点、热点资讯，梳理国内外中国文化发展相关学术研究成果、一手统计数据，涵盖文化产业、新闻传播、电影娱乐、文学艺术、群众文化等18个重点研究领域。为文化传媒研究提供相关数据、研究报告和综合分析服务。

世界经济与国际关系数据库（下设6个子库）

立足"皮书系列"世界经济、国际关系相关学术资源，整合世界经济、国际政治、世界文化与科技、全球性问题、国际组织与国际法、区域研究6大领域研究成果，为世界经济与国际关系研究提供全方位数据分析，为决策和形势研判提供参考。

法律声明

"皮书系列"(含蓝皮书、绿皮书、黄皮书)之品牌由社会科学文献出版社最早使用并持续至今,现已被中国图书市场所熟知。"皮书系列"的相关商标已在中华人民共和国国家工商行政管理总局商标局注册,如LOGO( )、皮书、Pishu、经济蓝皮书、社会蓝皮书等。"皮书系列"图书的注册商标专用权及封面设计、版式设计的著作权均为社会科学文献出版社所有。未经社会科学文献出版社书面授权许可,任何使用与"皮书系列"图书注册商标、封面设计、版式设计相同或者近似的文字、图形或其组合的行为均系侵权行为。

经作者授权,本书的专有出版权及信息网络传播权等为社会科学文献出版社享有。未经社会科学文献出版社书面授权许可,任何就本书内容的复制、发行或以数字形式进行网络传播的行为均系侵权行为。

社会科学文献出版社将通过法律途径追究上述侵权行为的法律责任,维护自身合法权益。

欢迎社会各界人士对侵犯社会科学文献出版社上述权利的侵权行为进行举报。电话:010-59367121,电子邮箱:fawubu@ssap.cn。

社会科学文献出版社